寻根溯源学汉字　轻松易懂又有趣

一字一世界

① A-B

颜煦之 著

认识汉字·理解汉字·掌握汉字·运用汉字

湖南教育出版社

图书在版编目（CIP）数据

一字一世界. 1, A-B / 颜煦之著. -- 长沙：湖南教育出版社, 2019.4
ISBN 978-7-5539-6408-9

Ⅰ. ①一… Ⅱ. ①颜… Ⅲ. ①汉字—通俗读物 Ⅳ. ①H12-49

中国版本图书馆CIP数据核字(2018)第232497号

责任编辑：李　好	丛书策划：申晓华	审读统筹：申晓华
	版式设计：申曜年	责任校对：周海香

一字一世界　1, A-B
YI ZI YI SHIJIE　1, A-B

出版发行：湖南教育出版社
　　　　　（地址：湖南省长沙市韶山北路443号　邮编：410007）
经　　销：全国新华书店
印　　刷：北京盛通印刷股份有限公司
　　　　　（地址：北京市经济技术开发区经海三路18号）
版　　次：2019年4月第1版
印　　次：2019年4月第1次印刷
开　　本：787 mm×1092 mm　1/16
印　　张：13
字　　数：160千
定　　价：39.80元
书　　号：ISBN 978-7-5539-6408-9

序

为他人写序无数，还从来没有一次像写这个序那样踌躇，那样焦虑，那样迟迟不能下笔，一再延宕。本是一件"轻而易举"的事，却总是不能完成，几乎日日纠结在心。自己都觉得奇怪。今天，终于坐到了桌前。因为，实在不能再拖延了——那边在急切地等着发稿呢。

造成如此状况，大概是因为我和煦之先生的友情实在太深、太浓、太厚了——总想写一个对得起朋友的序，正是这番对友情的特别在意，使得自己反而一拖再拖难以落笔了。

其实，这个序写得好或坏是无所谓的，甚至可以没有这个序，因为，他做的事，白纸黑字都明明白白地摆在眼前，其价值和意义是不用人再絮叨的。写个序，只是戴个"帽子"，不至于看上去太"秃"罢了，将区区一个小序看得那样"严重"，实在没有必要。

两年前在南京与煦之先生相会，他送了我一套他著的趣谈汉字的书，厚厚四册，我当时十分吃惊。回到酒店，埋在沙发中翻看，见他做的竟然还是含了学术——甚至是很学术的事情，更是吃惊。后来，我遇见谁都会提起这套书，一说书的妙、书的趣；二说煦之先生做事总不按常规，动不动就干出出人意料的事情来。不久，与好友方国荣先生谈出版之事，听他兴致勃勃地说要做一套关于汉字与人生方向的书，便立即将煦之先生的著作介绍给他。他也吃惊不小，很快就和煦之先生联系上了，没想到煦之先生竟神奇地又成就了一套方国荣先生心中所希求的新书。

此套书共十一册，还是关于汉字的。

细想想煦之先生做成此事，其实也无令人吃惊之处。他这个人，既是性情中人，又是一个执专心的人。一旦决定做一件事了，天底下也就只有这样一件事了。雷打不动，五头大牛未必能将他拽回。若是在夏季做事，你都能想见他干活时的样子：将门关住，短裤背心，甚至赤膊上阵，宽阔的脑门子上汗津津的，短而厚的手捏住笔就不肯放下，困顿时冲冲凉水澡，拍拍胸脯，拍拍脑门，提提神，接着再干。你以为他做的事，总出乎情理，而事实上，他做事就像他的体型一般稳重，方而正。这也是他的品格。

这一回，他的事做得有点大。

汉字文化，是个大题目，是一个意义非凡的大题目。九年义务教育新课程标准已经出台，与此前课标相比，其中一条被特别强调：要使学生懂得，汉字不只是一种纯粹的书写符号，也蕴含深厚的文化。煦之先生的研究事先当然与新课标毫无关系，只是他的思考与新课标的新维度暗合了。这也许是真知灼见者的不谋而合——所谓"英雄所见略同"。这套书，无意中可成为日后学生和语文老师学习、讲解语文的难得的参考书籍。

汉字是中国人极端聪明、非凡才智的结晶。有人在拿它与种种拼音文字进行比较时，故作深刻地说拼音文字是高度抽象能力的结果，那意思是说人家的东西要比我们的技高一筹。此等说法，不免肤浅。他们将象形文字的汉字，看成了依样画葫芦式的幼稚了，殊不知它的抽象能力其实是无与伦比的。这一个个神秘的方块字，无所不能，说事说理，皆妙不可言。我们可用它最完美地叙述这个世界，也可用它阐述这个世界上最精辟的原理和哲思。它的高度活性，字与字之间的微妙差异以及组词之后的无限能力，是任何一个熟练掌握它的人都会感到惊讶的。它是"魔方"。具象与抽象的完美统一，已抵达天造地设般的境界，使人觉得它本是造物主所使用的文字，是天然的。

更妙的是，一个个字，并不只是说事说理的符号，它们自身就是有意味的，甚至是有无穷意味的，一个个都是可以加以解读和欣赏的。从它们诞生的那一刻开始，它们就负载了若干意味。它们在不断变形的过程中，还暗含了历史的变迁。到了今天，每一个字，都有它的历史。"一字一世界"，还不抽象吗？抽象程度还要多高？可它确实又是形象的，因此，它与别种文字相比，又有了一个特殊的功能：审美。

它直接产生了一门艺术：书法。

从古至今，那些书法大家，用他们各具特色的书写，为我们提供了一个丰富的艺术世界。这个世界陶冶了中国人的性情，提升了中国人的生命境界。

煦之先生对汉字的认识价值和审美价值的理解与分析，就在这十一册书中。

写到此处，我忽然想起两件事来。一件是，好几年前，有个思维独特的年轻人四处奔走，并到处分发传单，说他经过长时间的研究发现，以英语为代表的拼音文字，其实也是一种象形文字。可是没有一个专家理会他。现在，这个年轻人不知到哪里去了，不知是否还在坚持他的"异端邪说"、继续他的"荒唐"研究。另一件是，一个大规模的制作和推广英语电子词典的公司的老板，向我展示了他的研究成果。他的研究成果与那个年轻人的结论一致，只是更加学理化：英语，也是一种象形文字。他当场向我解读了一个个英语单词，告诉我它们都是"象形的"。这个老板是学英语出身的，我当然不敢苟同他们的看法。但这两件事，倒使我看到了一个认识上的变化：作为象形文字的汉字，倒成了人家比附的文字了。

进入汉字魔方吧，其乐无穷。

2014年11月1日于北京大学蓝旗营小区

曹文轩，当代著名作家，精擅儿童文学，任北京作家协会副主席，北京大学教授，现当代文学博士生导师，儿童文学委员会委员，中国作家协会鲁迅文学院客座教授，是中国少年写作的积极倡导者、推动者。主要文学作品有《山羊不吃天堂草》《草房子》《天瓢》《红瓦》《根鸟》《细米》《青铜葵花》《大王书》等。

自序

当你拿起这本书,翻到这一面,我们就算有了一面之交。我很想拉着你的手,跟你聊两句。不多,就这几句。

我这人一生与书有缘:读书、教书、编书、写书、出书、卖书、藏书……虽然如此,而今我却还是常读错字、写错字、用错字,还有很多不认识的字。究其原因,跟自己菲才寡学、天资愚钝有关。另外,恐怕跟汉字既多又难认难记有关。

汉字大约有十万个,常用的虽然只有三千来个,但要记住却非易事。据说,外国人把最难办的事说成"这比学汉字还难"。正因为此,近几十年来,国家成立专门机构,搞汉语拼音和汉字简化。

如今,全球有数千万"老外"学汉语,加上母语为中文的华人,使用汉字的多达十四亿人。怎样让这么多人轻松愉快地学汉字,是件十分有意义的事。我愿为此稍尽绵薄,所以编写了这本书。

汉字,是世界文化的明珠,是中华民族的骄傲。汉字,是先民们历经数千年,把对自然和社会的认识,巧妙地移植到一笔一画上而形成的。汉字,源远流长,魅力无穷,超群绝伦,华夏儿女应该发扬继承。

汉字,不仅仅是符号。对汉字,光凭眼睛看是不够的,形、音、义三位一体,那得细细品味,慢慢咀嚼,才能品出味儿来。有些字,是一幅生动的图画;有些字,是一个有趣的故事;有些字是一段复杂的历史;有些字,说的是生活常理;有些字,谈的是科学道理;有些字,讲的是深刻的哲理。每一个字,都值得我们欣赏、品味和探讨。若三五同好,聚在一起,谈古说今,咬文嚼字,得其三昧,那真是其乐无穷。

前人和当今有识之士,对汉字做了大量深入的研究,著述浩如烟海,硕果累累。作为门外汉,我不揣冒昧,也挤将进来,凑个热闹。

我将两千多个常用字,以科学分析和有趣故事相结合的方式,编写成这套书。我所讲解的每一个字,分为前后两部分。前半部分,我将这个字的形成、演变过程以及字形、字义、读音作简要介绍。凡此，仁者、智者，各有见解。我博采众长，或综合为一，或分别罗列，任君选择。后半部分，我以小故事等形式，更形象、更生动地来解释这个字的形、音、义。我不仅讲这个字的用法，而且讲这个字的结构特征，讲这个字笔画的用意，讲这个字和相似字之间的区别。我还特别注意解释字的读音，以便区别这个字与其它谐音字之间的区别与联系。我讲了两千多个汉字故事，与这些故事相关联的汉字有六千多个，几乎包括了所有的常用字。这便是字中有字，这才是真正的汉字故事。

顺便说一句，这里的故事，有些是我的创作；有些是据资料编写；有些是来自民间的汉字俗解。其中有些内容，"俗文学"也罢，荒诞也罢，读者朋友切莫当真。你尽可把先贤们的论著当作学术理论，把我这儿写的，权且当作插科打诨。因为我的目的很简单，我只是想通过这些小故事、小笑话，以及诗词、对联、谜语、民歌、童谣、字谜、谐音、测字、解字、解梦、避讳这些形式，加上奇闻轶事、文坛掌故……以此搭座桥、凑个趣，使朋友们认识这些字，辨别这些字，掌握这些字，记住这些字。

我愿把这套书，献给对汉字情有独钟的朋友。让大家在茶余饭后，有个谈笑的话题。这种话题，雅俗共赏。

我愿把这套书，献给学汉字的外国朋友。让他们更多地了解汉字的丰富多彩。愿他们在轻松愉悦中掌握汉字。

我愿把这套书，献给青少年朋友们。让他们在课外阅读时，带着笑脸，品味每一个字的结构和内涵。

我愿把这套书，献给我的教师同行们，为他们在备课时提供点资料，使他们在讲课时增加点情趣，让他们在课堂上引发出阵阵欢笑声，使孩子们在寓教于乐中理解汉字的博大精深。

当你手捧这一套沉甸甸的《一字一世界》时，我要深情地向你介绍为这套书的出版作出不懈努力的至爱亲朋。首先要说的是我的出版人申晓华先生。他不辞辛劳，担当风险，近十年来不离不弃，专注于此书的出版发行。好友曹文轩先生，热情为这套书作序，为这套书增光添彩。资深编审王林军先生，是这套书第一版的责任编辑，他为这套书奠定了基础。著名画家，装帧设计家朱成梁先生，为这套书的第一版，设计了精美的封面和版式。著名漫画家何天卫先生和叶霆先生，为这套书提供了大量生动活泼的插图和图案。著名儿童文学家方国荣先生，为这套书的第二版出版，作出了不懈的努力。这套书由第一版的七百余汉字故事，增补为两千余故事，经历了十多年的艰辛创作，其间幸有编审谢芳女士，著名汉字研究专家唐汉先生，古典文学博士陈光先生，著名青年书法家陈义望先生……他们参与了这套书的审读、修订和把关，指出了书中的不足和差错，保证了这套书的出版质量。因为这套书讲的是汉字知识，出版社是以辞书的标准来保证这套书的质量的。

图书出版，是很难完美无缺的，总会留下一些缺憾。这套《一字一世界》也概莫能外。我壮志不已，耕耘不辍，仍在收集汉字故事，愿继续努力，将三千多常用汉字，都配上生动有趣的故事，编成一本既可当字典，又可当故事的"阅读字典"，以供读者朋友们赏阅。

说到读者朋友，我激动不已，感慨万千。自该书出版十多年来，因书中有我留下的手机号码，我先后收到一百余位读者来电。有的指出差错，有的提出建议，有的给予鼓励，有的提供故事，有的只讲了几句：感谢你，继续努力……

我决不辜负读者朋友的厚爱，再接再厉，使这套书日臻完善。如你购得此书，那我们也就心灵沟通，成为志同道合的文友。君不闻，前世修得八百次回眸，今生方得一次擦肩而过。你我有缘，你才翻阅此书。以书会友，是我三生有幸。

如蒙赐教，请记住我的手机号码：13705181009。我当洗耳恭听。

感谢你阅读此文！
感谢你阅读这套书！

二零一九年三月
于南京长江大桥堍

目录

A

对高山赞叹——啊 / 这婚事可以啊！……………………… 2

以袖擦泪哭声悲"哀" / 衣有破洞心悲哀 ……………… 4

以手推击背部——挨 / 不除尘埃就"挨"打 ………… 6

形如岩石的癌 / 错认一字 并送了性命——癌 ……… 8

用箭量长短——矮 / 矮脚虎说"矮"字 …………… 10

双手捧心表示爱 / 无心难爱 ……………………… 12

山岭间狭窄的关隘 / 大耳垂求医治心病——隘 …… 14

石头阻挡成障碍 / 要搬石头得两人去——"碍" …… 16

美丽的宝玉——瑷 / 媛媛改"瑷"媛 ……………… 18

女在家中最平安 / 女子头戴帽子——"安" ………… 20

用皮革制成的马鞍 / 改革安定缺一不可——鞍 …… 22

水边的陆地——岸 / 山下小厂在干什么——岸 …… 24

用手向下压——按 / 老教授现场说"按装" ………… 26

长方形的桌子——案 / 女真入侵,宋分南北 ……… 28

日光暗淡 / 站立二日旁——暗 …………………… 30

仰起头向上看——昂 / 红日当空人尽仰——昂 …… 32

用文火慢慢地煮——熬 / "熬烧"和"毫烧" ……… 34

海里的大龟大鳖——鳌／"狀元"为何称"独占鳌头" …… 36
自高自大太骄傲／含蓄的批评——傲 …………………… 38
供奉神灵的屋子——奥／"奥灶面"和"鏖糟面" ……… 40
心中悔恨很懊恼／"懊"悔已迟 …………………………… 42

B

拇指、食指分开是八／"八"字没一撇 …………………… 46
张着大口的巨蛇——巴／"巴"字谜杂谈 ………………… 48
用手拆开——扒／与"扒"手谈心 ………………………… 50
疮疖愈后的痕迹——疤／伤"疤" ………………………… 52
用手分开——捌／一个字谜四出戏——捌 ……………… 54
用手拉出来——拔／"拔"去一拐就是"拔" …………… 56
用手抓紧蛇头——把／与蟒蛇过招——把 ……………… 58
用网捉熊——罢／横目而去——罢 ……………………… 60
张大嘴巴争吵——吧／"吧"和"半"与"八" ………… 62
指甲盖的颜色白／百字缺一为白 ………………………… 64
黍米百粒为一尺／百岁宴上谈"百"字 ………………… 66
常绿乔木——柏树／刘邦"柏"人镇脱险 ……………… 68
手持棍棒敲打鼎——败／必"败"无疑 ………………… 70
用刀分割玉——班／郑导游说"班"字 ………………… 72
将木头剖开成木板／王安石认输——板 ………………… 74
全力去处理事情——办／解字赠外甥——办 …………… 76

把牛分成两半 / 本末倒置 ……………………… 78

一人是陪伴 / 一人一半才是伴 ……………………… 80

捆绑马足的绳子——绊 / "绊"和"羁绊" ……………… 82

古代诸侯封国——邦 / 刘邦与"邦国" ……………… 84

矫正弓弩的工具——榜 / 用"榜"贵人多 ……………… 86

用木头制成的棍棒 / "捧杀"与"棒杀" ……………… 88

攻击诋毁他人——谤 / "诽谤木"与华表 ……………… 90

胎儿包在胎衣内 / "包"和"草包" ……………………… 92

花蕾裹在皮里——苞 / 个个草包——苞 ……………… 94

肚子吃得鼓鼓的——饱 / "饱"和"中饱" ……………… 96

藏在家里的宝贵物品 / 丹心爱心献中国——宝 ……… 98

大人回臂保护背上幼儿 / 呆人作"保"人 ……………… 100

像雁不善飞的鸟——鸨 / 老"鸨"本是益鸟 …………… 102

土石修筑的小城——堡 / 保家卫国寸土不让——堡 …… 104

判决罪人向上报告 / 放弃"报"复 ……………………… 106

用手臂围住——抱 / 送你一只手提包——抱 ………… 108

双手端米晒——暴 / 皇帝看错字——暴 ……………… 110

火星四散迸裂——爆 / "宫爆鸡丁"和"宫保鸡丁" … 112

形似花托的杯子 / 强词夺理说"杯"字 ………………… 114

地位低下的人——卑 / 女"卑"婢女又是奴 …………… 116

心中的痛苦——悲 / 撑船老汉巧申冤——悲 ………… 118

刻字纪念的竖石——碑 / 丰碑和墓碑 …………………… 120

两人背对背为北 / 媒人拆字巧相劝——北 …………… 122

贝壳当货币 / 最佳方案——贝 ………………………… 124

传说中似狗的兽——狈 / "狈"和"狼狈" …………… 126

贮箭随时使用——备 / 有"备"无患 …………………… 128

人胸腹的后面——背 / "鳝背"与"扇贝" …………… 130

人的背离和反对——倍 / 口不正,言不可信——倍 … 132

和衣服有关的被字 / 皮和衣合在一起——被 ………… 134

一百辆车为一辈 / 妙联讽刺错别字——辈 …………… 136

人在草上飞奔 / 三十大写为奔 ………………………… 138

牛受惊离群奔走——"犇" / 三牛成犇 ……………… 140

树根上一横指根本 / 一木焉能支大厦——本 ………… 142

山倒塌乱石滚落——崩 / "崩"和"从恶如崩" …… 144

强行靠近——逼 / "逼"妻离和荸荠梨 ……………… 146

嗅觉兼呼吸的鼻子 / "鼻"孔子塌 …………………… 148

从这儿走向那儿——彼 / "彼"和"彼一时,此一时" … 150

手握刀在刻画——笔 / 势如破竹攻建宁——笔 ……… 152

送礼用的布帛——币 / 坐以待"币" …………………… 154

确定不移——必 / 为"必"字制谜面 ………………… 156

用网捕捉鸟兽——毕 / "毕"业要有成果 …………… 158

将门户关紧——闭 / 刨根问底说"闭"字 …………… 160

向前倒下——毙 / "毙"和"作法自毙" …………… 162

辅佐的人——弼 / 百发百中——弼 ………………… 164

美好如玉的石头——碧 / 王太公哑谜考新郎——碧 …… 166

用土筑成的墙壁 / "杯壁"和"卑鄙" ……………… 168

罪犯想逃避法网 / "避马瘟"和"弼马温" ………… 170

人体肩到腕部分——臂 / 一"臂"之力 …………… 172

能避邪的美玉——璧 / 完"璧"归赵和怀璧其罪 …… 174

抽打马屁股的皮鞭 / "鞭"和"鞭尸" ……………… 176

挂在门框上的木牌——匾 / "匾"字的谜语和故事 …… 178

急于知道吉凶——卞 / "卞"委员下不堪言 ………… 180

变更后就方便 / 与人方便 与己方便 ……………… 182

两股丝交织一起——辫 / "辫"和"翘辫子" ……… 184

老虎身上的斑纹——彪 / "彪"字的传说 …………… 186

马嚼子的两端——镳 / "分道"扬的什么"镳" …… 188

古代妇女的领巾——裱 / 精"裱"名人书画 ………… 190

像龟的爬行动物——鳖 / 独眼"鳖"传奇 …………… 192

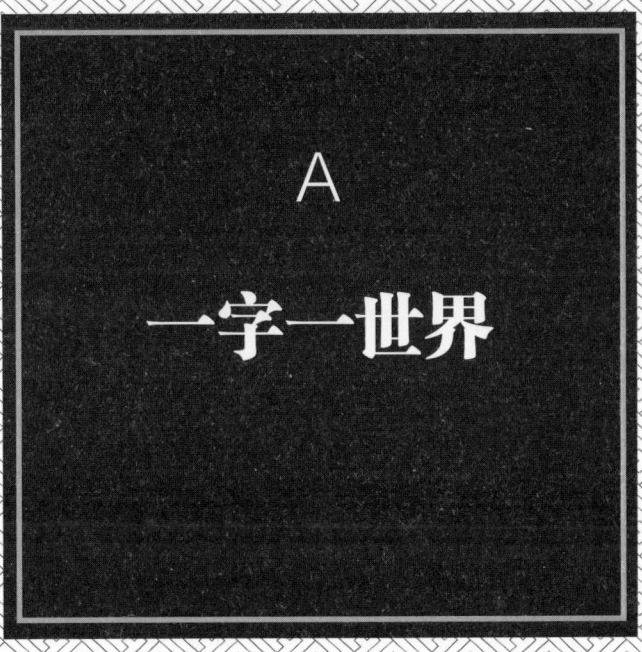

A

一字一世界

对高山赞叹——啊

"啊"字是后来出现的,在《说文解字》中没有这个字。"啊"字是个左右结构的形声字兼会意字。左边的"口"表形,表示与嘴巴有关,右边的"阿"表声,读"ā"。要讲清"啊"字,必得先讲明"阿"字。

古代的"阿"字是个形声字兼会意字,也是个多音字,"山阿""阿房宫"的"阿"读"ē"。左边的耳刀旁是"阜"字简省写法,指"土山、土丘",其形状像一级一级的山坡。右边的"可"字是声符,读"kě"。再说这"可"字也是个形声字兼会意字,表示"赞许、赞叹"。"阿"有高山壮美、可歌可赞的意思,本义指"大山",后来加了个"口"字旁,指人们见到大山不免发出惊异的赞叹声。所以"啊"字的本义表示"赞叹、惊异",这是个感叹词。

"啊"字是多音字。作叹词读第一声"ā",表示"赞叹、惊异",例如:啊,下雨了!读第二声"á",表示"追问",例如:啊,他怎么也来啦?读第三声"ǎ",表示"惊疑",例如:啊,有这样的事?读第四声"à"时,表示"应答或明白过来",例如:啊,我晓得了。

当"啊"作助词用时,读作轻声"a",放在句子末或句子中,表示各种语气,如这人真不错啊;或:平时啊,我还没空来呢。

在人们日常交谈时,"啊"字的不同发音,起着很重要的作用,它能以不同的语气,表达讲话人不同的思想感情。有时你可不说一句话,单凭这一个"啊"字,就能把你的心思和意思乃至情绪都表达出来,听的人也会心领神会。

这婚事可以啊!

测字算命是陈年八代的事,不过,现在也有人相信这事,也有人钻研这事。这些人凭自己对汉字的理解,打着弘扬国学的旗号,把这当作业余职业,弄两个小钱花花。苏北阜宁县益林镇的胡德先就属这一类人。

胡德先外号"胡大仙",聪明好学,对汉字颇有研究。测字时察言观色,随机应变,讲起来头头是道,滴水不漏,在当地颇有名气。

一日,李二嫂为儿子订婚的事来找胡大仙,看这门亲事能不能谈成。胡大仙问李二嫂测个什么字,李二嫂不识字,奇怪地问了声:"啊?"

胡大仙就汤下面,接住这"啊"字说:"你既然开口说'啊'字,我就给你测'啊'字吧。"

这时,有几个好奇的人围上来,看胡大仙如何测"啊"字。干这事属迷信骗人不宜声张,可今日胡大仙要卖弄一下,偏偏李二嫂又不识字。为使她信服,得要几个识字人做证,所以他也不回避围观的人。他一本正经地写了个"啊"字,讲解起来:"这'啊'字左边一张嘴,当中有一个软耳朵。你老嫂子为人心直口快,有人缘,所以你常开口,别人有话也跟你说,这'口'字使你有好运。不过——我说了你别生气——你这人心善耳朵软,也容易上当受骗啊。"

李二嫂一听,急了,连忙问:"我儿子那婚事能不能定下来呢?"

胡大仙看看众人,卖了个关子说:"这'啊'字当中虽是个软耳朵,但右边是个'可',这明明是告诉你,这婚事可以啊!"

李二嫂喜上眉梢,连忙问:"能成吗?"

胡大仙指指"啊"字上的"可"字说:"这'可'字里有个'丁',铁板上钉钉子,笃笃定定!"

李二嫂高兴得连忙翻口袋掏钱,众人也赞不绝口。

以袖擦泪哭声悲哀

āi 哀

金文
小篆
隶书
楷书

  古代的"哀"字是个形声字兼会意字。当中的"口"是形符，表示这个字跟嘴巴有关。"衣"字是声符，读"yī"。甲骨文的"衣"字是象形字，字形像一件古代的上衣的样子，可看出上为衣领，中间开口处为两袖，下部的尾巴像系带。"衣"字的本义指"衣服"。在"哀"字中，"衣"与"口"的组合，表示悲痛的哭声。人在悲痛时，总是张口号啕大哭，所以以"口"为形符。

  "哀"字为什么用"衣"字作声符呢？有人认为，悲哀的哭声如"衣"声，这似乎有点牵强。悲泣声如"衣"倒也说得过去，而呼天抢地的痛哭则未必如"衣"声了。比较合理的说法是，人们在悲伤时，常常泪水涟涟，沾湿衣襟。或者说，人们痛哭流涕时，常以衣袖或衣襟擦泪，所以"哀"字用"衣"字作声符并会意。"哀"字的本义指"悲痛"，如哀哭、哀告、哀鸣、哀泣、哀伤、哀叹、悲哀、节哀。

  "哀"字由本义还引申指"怜悯"，如哀怜、哀求、乞哀告怜。

衣有破洞心悲哀

清末同治年间，京城有位才子叫韩文龙。此人琴棋书画，无所不精，尤其是书法和绘画，在同行中也属翘楚。向他求字画的人不少，他的收入也颇丰。可这人放浪不羁，行为怪异，今朝有酒今朝醉，独身一人，家徒四壁，平时不修边幅，粗服乱发，毫不在乎。

这一年初春，韩文龙的恩师去世，众弟子到恩师灵堂前致哀悼念。韩文龙也去了，可他穿的长衫破旧，齐腰的地方竟撕开一个口子，他也不请人缝补一下就直奔灵堂而去。

众弟子跪地哭泣，而后又站立两旁，默默致哀。韩文龙身旁一位好友，见他长衫上有一道口子，不由轻声责怪道："你怎穿这破衣服来吊丧，也不怕师母嫌你不敬？"

韩文龙机灵又有好口才。他指指满屋挽联上的"哀"字说："老兄，我这是'衣有破洞心悲哀'呀，我是特地穿这破衣来致哀的啊。"

旁边人听了，看看那"哀"字，差点笑出声来。

不知读者朋友，看出其中奥妙来没有？

[瓦当欣赏]

秦汉画像瓦当

以手推击背部——挨

古代的"挨"字是个左右结构的形声字。左边的提手旁是形符，表示这个字跟手的动作有关，右边的"矣"字是声符，读"yǐ"。顺便讲一下，古代的"矣"字是个形声字兼会意字。上面的三角形在古代写作"㠯"，是声符，读"yǐ"，下面的"矢"字是形符，表示箭。两形合一，表示"像箭射出去的声音"。也有人认为表示射出去的箭必定有所止，所以"矣"字用于句子末尾，表示句子完毕的语气词，这在古文中常常见到。

在"挨"字中，"矣"字似乎只起表音的作用。

"挨"字的本义是"推击背部"，这个本义如今已不用了，现在我们所通用的意义是近代产生的。

"挨"字是个多音字，读作"āi"时由本义"推击背部"假借指"依次、顺次"，如挨次序、挨个儿、挨家挨户。因为"依次"，又引申指"紧接着，靠近"，如肩膀挨肩膀、紧挨着、挨近点儿。

当"挨"读作"ái"时，指"遭受"，如挨打、挨骂、挨宰、挨整、挨训。由"遭受"又引申指"拖延"，如挨时间、挨日子。在这里，"挨"字有"艰难度过"的意思，如终于挨到天亮了。

[瓦当欣赏]

秦汉画像瓦当

"挨"打除尘埃

民国年间，在安徽九华山下有座寺庙，庙里有僧侣百余人。住持大和尚名惠仁，是位学术渊博、深孚众望的高僧。平时，他除了讲解佛经，还常给寺内僧人讲古代诗书文学，以提高他们的学识。

这座寺庙地处半山腰。山上山下，有山林良田数百亩，由僧人耕作，日常吃用，自给自足。众多香客的捐赠钱物，都逐一登记，作救济灾民之用。

这年年底查账时，发现管钱的小和尚贪污了一笔钱，藏在墙缝里。他有还俗的念头，准备到时带回家置办田产。

人赃俱在，按寺规，小和尚必须挨竹板打屁股五十下，再逐出山门。惠仁法师念他年轻，且是初犯，便从轻发落，挨竹板五下，发放路费，让他回家。

小和尚临走时，向惠仁法师辞行。惠仁法师正在大堂里为桌椅掸灰，他看到小和尚摸着屁股，似有疼痛的样子，便说："今日你挨打，正好比一只手拂去埃土。"他见小和尚一脸茫然、毫不理解的样子，便让小和尚坐下。他提笔写了个"埃"字，又写了个"挨"字，说："这'埃'字是尘土尘埃之意，故左边以'土'示之。尘埃不清除，日积月累成污垢。你有贪心，若不及时清除，对人对己，必有后患。你今日挨打，以'手'旁换了'土'旁，实为以手除土，你虽挨打，但长了记性，吸取了教训，也不枉在本寺吃了一年斋饭。"说完，他拉着小和尚的手一同下山。临别时，他又语重心长地说："你还俗回乡，务农经商，都是好事。僧人不做了，要做善人；和尚不当了，人要高尚。"

小和尚听了，千谢万谢地走了。

形如岩石的癌

　　"癌"字是个会意兼形声字。它分两个部分,外面是个病壳子,即"疒",表示这个字与疾病有关。里面是个"嵒",读"ái",旧时读"yán",这"嵒"是声符,同时也表示这个字的意思。

　　我们已经看出"疒"表示病态。那"嵒"与疾病有什么关系?

　　"嵒"像山石重叠的样子。"嵒",即岩,它在这儿所表示的是病态,指癌瘤凹凸不平,坚硬而又牢固,形如岩石,所以用"嵒"和"疒"来表示癌症。

　　"癌"的本义就是指"恶性肿瘤",如癌症、肺癌、肝癌。

[瓦当欣赏]

秦汉画像瓦当

错认一字　送了性命——癌

湖南常德市有家化工厂，厂里有个工人名叫李小成。小伙个子矮小，身体瘦弱，经常头疼脑热，生点儿小病。

李小成性格内向，不大与人交往。他总以为在化工厂工作，对身体不利，想换个工作，可又不那么容易，所以一直闷闷不乐。

最近，李小成发觉阴囊肿胀，有时还很疼，便去医院诊治。

医生诊断为"疝气"，建议他回家好好休息，必要时，再考虑手术治疗。

疝气就是小肠坠入阴囊，俗称小肠气。这是男性常见病，治好它并不是难事。可李小成看着"疝气"的"疝"字，心乱如麻，彻底绝望了。他把"疝"看成了"癌"字，以为自己得了癌症。在他看来，癌症是不治之症，到了晚期，更是生不如死。他想了又想，打算在没遭受痛苦前就结束自己的生命。

李小成趁下班没人注意，偷了厂里一点有毒的化学原料，当天晚上就服毒自杀了。

他死后，父母在他的枕头下发现了一封遗书，开头一句就是：妈妈、爸爸，我得了癌症，不想拖累你们，我……

父母悲痛欲绝，他们哭喊着："小成，你看错字啦，这是疝气，不是癌症呀……"

用箭量长短——矮

ǎi 矮

矮 甲骨文

矮 金文

矮 小篆

矮 隶书

矮 楷书

"矮"字，是个左右结构的形声兼会意字。左边的"矢"字是形符，表示跟木制的箭有关。右边的"委"字是声符，读作"wěi"，两形合一，表示"用箭来量长短、高矮"。

古人为什么用"委"字作声符呢？在甲骨文中，"委"字是个会意字。左边像一棵枯萎卷曲的稻禾，右边像一个跪坐在地上的女子，本义指"颓丧、不振作"，又假借指"曲折、弯曲"。凡弯曲的东西都会显得低矮，所以"矮"字以"委"字作声符并会意。

"矮"字的本义指"人的身材短"，如矮胖、矮人、矮小、矮子、高矮、矮墩墩、矮个子。

"矮"字由本义引申指"高度小，不高"，如矮墙、矮凳、矮房子、小矮树。

"矮"字由不高这层意思，引申指"等级、地位低"，如在单位他比我矮一级、矮人一等。

宋·黄山谷《校审帖》

《草书韵会》

矮脚虎说"矮"字

无锡北塘大街有座矮脚楼,楼主王阿虎开了家面馆,因其汤鲜面爽而广受欢迎。

王阿虎家族遗传基因不佳,几代人都是矮个子。他属虎,人称"矮脚虎",面馆索性也称"矮脚楼"了。

矮脚虎每天亲自上锅台捞面,脚下垫个矮凳,一边干活,一边跟食客聊天。

矮脚虎爱看书,也好议论。他不在乎人家说他丑呀矮的。令他想不通的是,老祖宗造字时,怎能把"矮"字和"射"字这两个字搞颠倒了呢?他常和几个老食客辩论。这"矮"字明明是一个人在搭弓射箭,应该是"射"字呀。而"射"字明明指身高只有一寸,这才是"矮"字呀,如今怎么没人喊冤,把这两个字再换回来呢?

听这番高论的人,有的点头称是,说他言之有理;也有的一笑置之。矮脚虎呢,他说这"矮"字跟他家结缘几辈子,不搞个水落石出,誓不罢休。

这天,城南来了位老先生,他听矮脚虎说了这番高论后,说:"你这番话,唐朝女皇武则天也说过,但千百年来未改过。甲骨文的'射'字,本来就是引弓射箭的意思,到了秦代,弓和箭杆变成了'身'和'寸',成了今天的'射'字。"

说罢,他又蹲下,在矮脚虎的脚旁写了个"矮"字说:"甲骨文的'矮'字是一个跪在地上的奴隶,手拿一把干枯的稻子在比高矮,表示这棵稻只有一箭之长。所以称为矮。"

矮脚虎听了,大长见识。原来老者是位研究甲骨文的专家,他欢迎矮脚虎到他家去切磋琢磨,矮脚虎连声答应。这天,他请老者吃了他最拿手的鱼香肉丝盖浇面。

双手捧心表示爱

ài 爱

金文
小篆
隶书
楷书

　　金文的"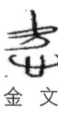"字是个会意字。细看字形，好似一个人双手捧着"心"，且扭过头来，张开嘴巴在诉说着心中的爱意。

　　对这一生动的描写，有人持不同见解。认为既然是手捧着心表示爱意，应该面对所爱的人，为何扭转头来作告别状呢？似乎说不通。

　　有人认为，那"人"字状的符号其实是个犬字，当中画一颗心，表示狗对主人的喜爱之情。

　　对这一说法，也有不妥之处。狗对主人只有忠心，谈不上爱心。如若说主人对狗有喜爱之情倒犹可一说。

　　以上几种说法，都有些牵强，很难道出古人造出"爱"字的真正道理来。但其本义很明显，都表示喜爱。

　　有人认为，小篆的爱字写作"愛"，是个形声字，它由四部分组成。上面的三个部分表示读音。下面的"夊"是个倒形的"足"字。"足"表示用脚走路。"倒足"是表示走来的意思。

　　为什么从对面走过来？因为看中了什么，有所爱才回头走过来，在这儿表示"爱"是一种主动。这番解释，倒很能说明爱的本义。

　　爱字由小篆的形状变化为隶书的"愛"，后来简化成了"爱"。"爱"的本义是主动表达爱慕之意，是一种对人或事物的感情，如爱祖国、爱人民。

　　"爱"表示爱好，如爱清洁、爱读书、爱花草。

　　"爱"表示爱惜，如爱公物、爱集体荣誉。

　　"爱"表示某种行为容易发生，如爱发脾气、管子爱漏水。

　　"爱"指男女之间有情，如相爱、爱情。

无心难爱

有个小伙子，名叫张忠友，性格豪爽，好讲义气。他的为人跟他的名字一样，忠于友情，所以朋友特别多。

最近张忠友结识了位女朋友，名叫陈爱明。她是位才女，常有诗歌散文在报刊上发表。

两人初次相见，就讨论起对方的名字。

张忠友问陈爱明："你是不是特别喜爱光明？"

陈爱明说："不，我追求的是爱憎分明。你呢？是不是特别忠于友情？"

张忠友说："对。我们山东人讲义气，为朋友两肋插刀，决不含糊。"

陈爱明对他的话未作评论，但眼里流露出了失望的神色。

两个人密切来往，频频约会，或在茶社谈心，或在公园散步。不见面时，打电话、发短信，相互传递着爱的信息。

在交往中，张忠友发现陈爱明给他的留条或信件，总是把"爱"字写成繁写的"愛"。见面时，他问陈爱明："你怎么喜欢把'爱'字写成繁体字？"

陈爱明说："'愛'字没有心怎么行，所以我喜欢有心的'愛'字。"

张忠友说："依我看，'爱'字里有朋友的'友'字，这也是爱。"

陈爱明说："没有心，这叫什么爱？"

张忠友说："这叫友爱呀！"

就在这次谈话后没几天，张忠友被刑事拘留了。因为他讲义气，让一个犯罪嫌疑人在他宿舍躲了几天，结果被刑警抓获。

张忠友从拘留所回家后，收到陈爱明一封信。信中只有一句话："爱心已去，各自保重。"最后署名"陈爱明"。

张忠友知道，他已失去姑娘的芳心了。

山岭间狭窄的关隘

ài 隘

金文
小篆
隶书
楷书

　　"隘"字是个左右结构的形声兼会意字。左边的"阝"作形符。这"阝"字读"fù",是个象形字,其状像山崖边登山的石磴,是"阜"字的本字,本义指"土山",后来作汉字偏旁用,写在左边。凡带"阝"部的字,均与山陵、土地或土木建筑有关。如阱、阶、陇、陂、陌、陡、陟、险、陵、陶、隆、隧。"隘"字,表示与山陵有关,特指"山势险要狭窄"。

　　"隘"字的声符为"益"。这个"益"字是有"口字旁"的"嗌"字简省的写法,读"yì"。

　　古人为什么用"嗌"字作"隘"字的声符呢?因为"嗌"字有"咽喉"的意思。我们知道,人的咽喉是很狭窄的,是一根细管儿。"隘"字有狭小的意思,所以用"嗌"字的简省字"益"作声符并会意。

　　"隘"字的本义指"狭窄"。如隘口、隘路、隘巷、狭隘、林深路隘。

　　"隘"字由本义引申指"险要的地方"。如关隘、险隘、要隘、闯关夺隘。

　　隘字也指"人的器量狭小"。如心胸狭隘。

大耳垂求医治心病——隘

　　文化局副局长郭益，生来一副福相，一对大耳朵肥肥的，耳垂又长又厚，可谓两耳垂肩，颇有帝王之相。他的绰号就叫"大耳垂"。

　　话虽如此，可老郭的命运却与"福"字毫不搭界。他五十不到，心脏已出了毛病，常感到心慌心悸，不得不住进了医院。

　　郭副局长的主治医生陈阳，是研究心脑血管病的专家，跟郭益从小学到中学一直是同桌。当年郭益的大耳垂，不知被他摸过多少次，这绰号还是他起的呢。

　　陈阳对郭益的性情脾气可谓了如指掌。他看了郭益的各项检测报告，觉得他除了血压偏高，其他都还正常。他从郭益的同事和家人口中得知，近来郭益与局长不和，闹得吃不下饭、睡不好觉，应该说他是被气出病来的。

　　陈阳看着病历上的"郭益"二字，不由想起中学时的一次语文知识竞赛，其中有道题目是：看谁写带耳刀旁的字多。当时他竟忘了"郭"字，其实，还有个"益"字左边加耳刀旁的"隘"字呢。

　　今天他面对这"隘"字，似乎找到了老同学的病因。他把郭益叫到办公室，开门见山地说："大耳垂，你的心脏没问题。有问题的是你这大耳朵。你耳朵软，最爱听恭维你的话，对你有益的话。好话听多了，你就自以为了不起，跟一把手叫板了，弄得你们文化局人心涣散，你自己也弄得心力交瘁……"

　　郭益听了，有些不自在，但面对老同学，只好忍着。陈阳又说："我今儿才悟出来，你郭益的名字大有讲究哩。'郭'字右边的大耳朵靠着'益'字，成了个'隘'字，正好比你老郭只爱听对你有益的话。殊不知，兼听则明，偏听则暗，好话听多了，你就会变得心胸狭隘，百病也就随之而来了……"

　　郭益听到这儿，才听出味来，不由得摸摸自己的大耳垂，沉思起来。

一字一世界

15

ài
碍

碍
金文

礙
小篆

礙
隶书

碍
楷书

石头阻挡成障碍

古代的"碍"字写作"礙",这是个左右结构的形声字兼会意字。左边的"石"字是形旁,表示跟石头有关;右边的"疑"字是声符,读"yí"。两形合一,指"石头阻挡,不易通行"。

"疑",有"疑惑观望,不能前行"的意思,而"碍"是因石头阻挡而不能前行,所以古人用"疑"字作"礙"字的声符并会意。

据专家考证,在东汉以后,以"得"字的异体字"㝵"作"疑"字的异体字,后来人们又在"㝵"旁加"石"字,写作"碍",这便是如今通用的"碍"字。

"碍"字的本义指阻挡、妨害,如阻碍、障碍、妨碍。在人们日常生活中,常碰到不顺手或不顺心的事,把这都称作"碍"。地下有东西不便行走,称为"碍脚";妨碍做事,造成不方便称作"碍事";有时也用来形容"严重"或"大有关系"(多用于否定式),如他流了点血,不碍什么事;人们把妨碍别人做事称作"碍手碍脚";把不顺眼,或有人在跟前不便称"碍眼";把难为情或碍于情面而不便说出来称"碍口";把怕伤情面称作"碍面子"。

"碍"字多用于口头语。旧时在公文中有句套话叫"碍难",表示"难于"或"为难",如碍难照办、碍难从命。这是书面语的用法了。

要搬石头得两人去——"碍"

猜谜语是一种集知识性、趣味性、娱乐性为一体的游戏，同时也是一种具有民族特色的文化活动。

在谜语中，汉字字谜，被看作是汉字文化大观园中的一枝奇葩（pā），是中华民族所特有的一种文字和民族文艺形式，它是依据汉字造字法则而创作出来的。千百年来，有成千上万的"下里巴人"或文人雅士参与字谜的创作，留下了数以万计的优秀作品。如今，在许多地方设有谜语协会，爱好制谜猜谜的人沉醉其中，乐此不疲。有不少志同道合的人，为此结为好友，这就是"谜友"。下面就讲个谜友的故事。

林先生是位制作字谜的高手，常有佳作问世，同时，他还是位"驴友"。这天，他独自驾车，赶往黄山，与其他驴友会合。为抢时间，他慌不择路，哪知误入一条山沟。这山沟虽有条老路可通高速公路，但不知何时，山腰一块大石头滚落下来，正巧拦在路当中。林先生下车看看，只要将这块石头挪出一米，小车便能过去。他使劲去推，但石头纹丝不动。他想，只要再来一个人，就能将它移过去。他正着急，只见后面开来一辆小车，看来也是"误入歧途"的。这车远远地停下了，他跑过去一看，只见开车的小伙子竟然忙里偷闲，看起书来，大有等待别人为他开路的意思。林先生心中不快，敲开车窗说："朋友，前面有块大石头拦路，要搬开石头得两人去才行。"小伙子一听，忙丢下书，跟他一起去推石头。两人齐心协力，又采用从下面掏空碎石的方法，终于将大石头移动一米。两人累得气喘吁吁，坐下抽烟休息。小伙子突然问："朋友，你刚刚说什么来着？"林先生想了想说："我说搬石头得两人去……"小伙子喃喃地重复了一遍，忽地一拍大腿，叫道："好字谜呀！被我碰上啦！"

老林扭头一看，小伙子看的书是《字谜大全》。原来，这小伙子是马鞍山谜语协会会长，正要到黄山参加全省的字谜大赛呢。林先生说的"要搬石头得两人去"给了他启发。要去掉"障碍"的"碍"，就得把"石"字去掉变成"得"字，就是要把左边的石字旁变成双人旁，也就是要去两个人才行啊。谜底是个"碍"字。

这样，两位素不相识的人，成了"谜友"。

一字一世界

美丽的宝玉——瑷

ài 瑷

瑷 金文
瑷 小篆
瑷 隶书
瑷 楷书

　　几十年来，国家对汉字的简化，做了大量的工作。1986年正式确认的简化字共2236个。在人们常用的3500个字中，有简化字1116个，这给人们认识汉字、书写汉字起了很大的作用。但也有不尽如人意之处，正如人们疑惑，把繁体字"親"简化成"亲"，不见如何相親？把繁体字"愛"简化成"爱"，无心怎能相"愛"？

　　说到"爱"字，不得不提到与"爱"字相关联的字。这些字都是形声字，都以"爱"字作声符，但意义不相同，容易混淆。

　　"嗳"字是个形声字。"口"为形符，表示与"口"有关，"爱"作声符。"嗳"字原来写作"噫"，指"人吃饱食物后，从胃中发出声息"。这个意思后来在"嗳气"（也就是人们常说的打饱嗝）一词中得到保留。当"嗳"读"ǎi"时，作叹词，表示"否定、反对"，或者"不同意"，如嗳，不能这么干。

　　"嗳"读作"ài"时，表示内心懊悔、悔恨、懊恼，例如：嗳，我又错了；读作"āi"时，与"哎"字相同。

　　"暧"字是形声字，读"ài"。本义指"日光昏暗"，组成"暧昧"一词，表示态度不明朗或不光明磊落。

　　"叆"字是形声字，读"ài"，指"云气浓密的样子"。"叆叇"（读ài dài）一词是书面语，形容"浓云蔽日"，如暮云叆叇。

　　"僾"字也是个形声字，读"ài"。书面语，表示"仿佛"，如僾然。也用来表示气不顺畅。我国部分哈尼族人自称"僾尼"族。

　　"嫒"字是形声字，读"ài"，与"令"字连用为"令嫒"，对对方女儿的尊称，也写作"令爱"。

　　"瑷"字是形声字，指美丽的宝玉。现作地名用，即黑龙江省的"瑷珲"，今作"爱辉"。

嫒嫒改"瑷"嫒

这里讲个离奇曲折又催人泪下的故事。

徐州沛县王楼庄的彭家，已有两个儿子，但一心想要个女儿。事有凑巧，夫妻二人乘火车到深圳打工时，在列车上遇到件怪事儿。坐在身旁的一名中年女子，抱着个刚满月的女婴。女婴啼哭不止，这女的束手无策。彭大嫂看了于心不忍，就买了奶粉，抱过孩子，又哄又喂，这才使孩子甜甜入睡。车到南京时，乘警来巡查，那女的借口上厕所，竟再也没回来。原来，那女的是人贩子，见到乘警心虚，丢下孩子就逃跑了。

在飞驰的列车上，列车长验证了彭大嫂身份，经请示上级，同意将这女婴暂由彭大嫂领养，还给她开了张证明，并注明待抓住人贩子，找到女婴亲生父母后，再由政府出面，交还给她的亲生父母。列车长还动情地说了句："大嫂，刚刚联系了你们乡政府，都说你家是户好人家，我们也放心了！这孩子拜托你了！"

彭大嫂是个心善又热心的人。她怕孩子经不起长途奔波，车到无锡，就告别丈夫抱着女婴下车转乘回家的列车了。

彭大嫂给孩子起了个颇为洋气的名字：彭嫒嫒，当地派出所给孩子上了临时户口。

彭嫒嫒成了彭家的掌上明珠。别的不说，单说一件，她的两个哥哥都只读到初中，就外出打工，挣钱供妹妹读书，直到妹妹大学毕业。

日月如梭，转眼二十二年过去，小嫒嫒已快成家立业了。就在这一年，公安部门破获了贩卖人口的犯罪集团，根据当年在列车上留下的信息，找到了小嫒嫒亲生父亲王先生。王先生和妻子赶来相认，双方做了亲子鉴定，于是一家团圆。

长话短说，故事的结局皆大欢喜。彭嫒嫒是学中文的，这天，她含着热泪搂着四位老人，深情地说："生父母养父母，都是我父母。今日起，我改名彭瑷嫒，将中间'嫒'字中的'女字旁'改成'王字旁'，表示生我的是王家，养我的是彭家，两家都是我的家！"

女在家中最平安

　　甲骨文、金文和小篆的"安"字，形体相似，上面是宝盖头，下面是个"女"字。这是个会意字。宝盖头表示房子。下面的"女"字面朝左，半跪着，双手交叉在胸前，显得十分端庄安详。

　　屋内坐着个女子，或女子待在屋内，就是平安，这是"安"字的本义。女子待在屋内有三层意思：

　　第一，表明屋内有女子，也就是妻子。这是先民们美好的愿望。远古时代，人们缺衣少食，居住在山洞或树上。能有个房子住，有个妻子，就是最大的幸福了，也就安心了。

　　第二，在远古时代，部族相争是常有的事，而争夺的目标往往是女性。因此，女子待在家里才不会被抢走，才算最安全。

　　第三，女子静坐在家中，神态安详，正在操持家务，说明当时没有战争，没有灾祸，人们安居乐业，很平安。

　　三层意思，都体现了"安"字的本义。由于平安、安全、安定，"安"字又引申为"对生活和工作的满足感"，如安于现状。又引申为"安装、设立"，如安电灯、安门窗等。

　　"安"字又有加上去的意思，如安罪名、安个头衔。还有存在、怀着的意思，如安的什么心。

　　请特别注意，"安装公司"切莫写成"按装公司"。

女子头戴帽子——"安"

　　从前,有一个县官出门巡察,走着走着,突然有个妇女拦在路中间,拿草帽往头上一盖,一声不吭。

　　县官的随从见了,立刻大呼小叫起来,准备上前把这妇女赶走。谁知县官却毫不生气,不但唤住随从,还赏给那妇女一锭银子。

　　随从们想不明白:妇女的这个举动分明是没将老爷放在眼里,怎么不惩治,反而还奖赏呢?

　　县官笑着解释道:"这是她给本官出的哑谜。你们看,这女人头上戴帽子,不是一个'安'字吗?她是在向我请安呢。"

隋·智永《真草千字文》

明《王铎诗卷》

唐·孙过庭《书谱》

一字一世界

用皮革制成的马鞍

ān
鞍

金文
小篆
鞍 隶书
鞍 楷书

  古代的"鞍"字是个左右结构的形声字兼会意字。左边的"革"字是形符，表示与皮革有关；右边的"安"字是声符，读"ān"。这两个字形合在一起，指"用皮革制成的放在马背上供人骑坐的器具"。

  在这里，我们不得不讲一下形符"革"字。

  古代的"革"字是个象形字。金文的字形像一块剖开后剥下来的兽皮，上部像兽的头，中间像身子，下部像尾巴。""字指"去了毛的兽皮"。"革"字组成的字，大都与皮革有关，如制革、猪革。由于兽皮被剥下来，彻底改变了原来的样子，所以引申指"改变"，这就是"革命""改革"。

  古人为什么用"安"字作"鞍"字的声符呢？因为"安"字有"安放"和"平安"的意思，而马鞍是放在骡马背上供人坐的，既有安放、安置的意思，又有使人坐上去更平稳、更安全的意思，所以"鞍"字用"安"字作声符并会意。

  "鞍"字本义指"马鞍"。"鞍车"指"马车"。"鞍马"指样子有点像马形、背部有两个半圆环，是木马的一种，属体育器械。"鞍"字还有许多跟马的用具有关的词。

  "鞍"字也用于地名，如鞍山。

改革安定缺一不可——鞍

在内蒙古自治区的通辽市，靠近辽河边，有家皮革制造厂，以手工制作马鞍闻名，该厂有三百多名工人。

在改革浪潮的推动下，这家皮革制造厂进行改制，成立了专门制造马鞍的"马鞍制作公司"。老厂长唐兴华当董事长，蒙古族小伙子布赫当公司总经理。两人齐心协力，把公司办得有声有色，业务扩展到西亚许多阿拉伯国家，工厂效益倍增，职工福利增加，唐兴华和布赫看在眼里，喜在心上。

可好景不长，不到一年，麻烦事儿来了。受金融危机的影响，外贸业务萎缩，工厂效益锐减，工人收入下降，眼看快发不出工资了，员工人心惶惶。面对这艰难的局面，怎么办？

老唐打算继续改革，除了制作马鞍，也可转型搞其他皮革产品，特别是牛皮席子，眼下颇有市场。布赫却听信一位搞房地产朋友的建议，想把厂房及地皮卖了搞房地产，将所得的资金按人头发放给工人，让他们自谋出路……

老唐思前想后，觉得这样做是对三百名工人不负责任。他们拿几万块钱，一家老小能生活一辈子吗？他们若是缺衣少食，老无所依，不是将他们推向社会，增加政府的负担吗？

这天，他跟布赫做了次推心置腹的谈话。

老唐的话虽不多，有一句却打动了布赫。老唐指着公司的牌子说："我们这'马鞍制作公司'的'鞍'字可大有讲究呀。它告诉我们，改革和安定缺一不可。不改革，我们停步不前；不安定人心，我们没办法向政府交代，我们也没脸见三百多位工人兄弟啊。"

布赫被老唐说服了。他们深入到工人中间，寻找转型方案，要使公司尽快走出困境，让工人们安居乐业。

àn
岸

金文
小篆
隶书
楷书

水边的陆地——岸

古代的"岸"字是形声字兼会意字。"厂"字为形符,读"hǎn",表示跟山崖有关,"干"字为声符,读"gān"。两形合一,指"江、河、湖、海等水边高起的陆地"。这"厂"字指山崖,特指上部突出,可遮风挡雨,人可以住在下面的山崖。有人认为,在古文字中,本来是以"厂"字指山崖,后来在里面加"干"字写作"厈"。这"厈"字有两个读音,读作"hǎn"时,仍指山崖;读作"àn"时,指水边的陆地,也就是"岸"。再往后,又在上面加了个"山"字作区别组成"岸"。总之,这"厂"指"山势高峻的样子",含有高的意思,而"岸"为水边的高地,所以"岸"以"厂"作形符。

"岸"字的本义指"江、河、湖、海"等水边的陆地。如设在岸上的航标称"岸标"港口称为"口岸",江河海峡两边的地方称"两岸",也特指台湾海峡两岸,即我国的大陆和台湾省。保护海岸、河岸不使其坍塌的建筑物称"驳岸"。与岸有关的词还有"对岸、彼岸、靠岸、登岸"等。

"岸"有高出水面的意思,所以又引申指"高大"。"魁梧"称为"伟岸",也称"魁岸";自高自大称作"傲岸";严肃的样子称为"岸然"。"道貌岸然",形容容貌庄重,神情严肃,也常常用来形容假装正经,而内心邪恶。

山下小厂在干什么——岸

江苏句容茅山脚下有条清溪河，河边有座花岸村，因两岸鲜花盛开而得名。

花岸的宣纸出了名，不用推销，单凭"花岸"这牌子，书画家们就纷纷找上门来买纸，有时还供不应求呢。那年月，许多著名或不著名的画家，常到花岸村买纸、钓鱼、品尝农家菜，那可真是络绎不绝呀。就这样，村里还办起了小饭店、小旅馆，搞起了旅游项目呢。

也记不得是第几个年头了，有位城里的书画家，留下一幅画，还题了一首诗，诗曰："山下小工厂，工人干活忙。产纸千万张，花岸美名扬。"

这首诗虽说只能算打油诗，但蕴含了花岸村的"岸"字："山、厂、干"三个字组成"岸"，恰到好处。老村长把这幅画精心装裱，挂在会客室里。

由这首打油诗，村里人还模仿着写了不少顺口溜。最流行的几句是："工厂建山下，工人干劲大。"这里也突出了"厂、山、干"几个字；"上山下厂干革命，为了咱们老百姓。"头一句就包含了"岸"字；"上山下厂当干部，领导咱们齐富裕。"头一句也包含了"岸"字。

可时过境迁，花岸村宣纸厂已风光不再，为啥呢？因工厂排出的污水，毁了整条清溪河，清溪不再清，连鱼虾都死光了，花岸宣纸厂成了过街老鼠，人人喊打。如今，当地报纸通栏大标题是：《山下小厂在干什么？》。也不知报社是有意还是无意，这大标题里也包含着"花岸"的"岸"字。

花岸村的村民们坐不住了，他们关了纸厂，全村人坐在河边，看着污黑的河水开现场会。上级派了不少干部和专家来调研，帮他们寻找一条既保护环境，又发家致富的出路。当年的书画家们也来了不少，他们倡议，在这儿建立一个书画创作基地，让全国的书画家到这儿度假旅游搞创作，再搞书画讲座、作品交流，建成一个上规模的文化市场。有人当场赋诗，回应报社的大标题：山下小厂干什么？重新整治清溪河。花岸岸边花满岸，文化市场唱新歌。

用手向下压——按

àn 按

金文

小篆

按 隶书

按 楷书

　　古代的"按"字是个左右结构的形声字兼会意字。左边的提手旁表示跟手的动作有关；右边的"安"字是声符，读"ān"。两形合一，指"用手往下压住物体"，也可说"用手摁住物体"。

　　古人为什么用"安"字作"按"字的声符呢？因为"安"有安稳、稳定的意思。往下压住物体，就是要让它稳定、不晃动，所以"按"字用"安"作声符并会意。

　　"按"字的本义指"用手往下压"，如：医生为病人按脉、按摩师为人按摩、用手按电铃。

　　"按"字由本义引申指"压住、搁下"，如压下去、控制住叫"按捺"，使军队暂不行动叫"按兵不动"。

　　"按"字由本义又引申指"依照"，如依照规定的限期叫"按期"，依照事实或情理来说叫"按说"或"按理"，按照惯例叫"按例"，按照一定的条理，遵循一定的程序叫"按部就班"。

　　"按"字由"依照"引申指"根据考查核对的成果所下的定语"，叫"按语"，如"编者按"。

　　"安"字与"按"字有意思接近的地方，但也有本质的区别。

老教授现场说"按装"

汉字千变万化，但数万个汉字之间，相互又有千丝万缕的联系，有不少字的结构与本义又有相似、相通、相连之处。其中"安装"与"按装"一词，让人纠结。你只要留心，可看到大街上堂而皇之地挂着"按装公司"的招牌与广告，还有身穿印有"按装公司"服装的工人，在走街串巷地跑。

南京大学的任教授，是位研究古汉语的专家，对文字学的造诣也很深。他已年过七十，但仍笔耕不缀，研究学问。

这天，任教授家要换防盗门，安装公司来了几位身穿"按装公司"工作服的工人。老板听说是为教授安装，特地亲自带人来施工。

任教授指着工人工作服上"按装"二字说："应该是'安装'，你们怎么伸出一只手写成'按装'呀？"

这老板好像是憋着一股子气来的，他振振有词地说："老先生，我好歹也是高中毕业生，对汉字也是有研究的。好多人对我说这字不对，我就弄不懂，不用手，怎么安装？"

老教授一听他口中似有怨气，忙笑脸相迎："你说的有道理。你这有手的'按'是按摩之按、按键之按、按脉之按、按钮之按、按照之按、按下葫芦浮起瓢之按……"老教授边说边按一下屋里的杂物用品，然后拍拍结实的防盗门说："你可知道，安装不仅仅是把铁门这么按一下、摁一下，向下压一下，而是要按照一定的方法、按照一定的规格，把机械或器材固定在一定的地方。这里的'安'字有安定和使它安定的意思，有平安安全的意思，有使这门有合适位置的意思，有设立的意思。你今天来是给我把这防盗门牢牢地安装在墙上，不是用手按一下、摸一下、摁一下、压一下就了事的。否则，我要花钱买这铁家伙干什么？我劝你，还是把'按'字旁边的那只手拿掉吧，要不，人家还以为你这公司是来敷衍了事的呢。"

那安装公司的老板听了，脸红了，不好意思地说："那……能不能请老人家为本公司写个招牌呢？"

任教授爽朗地说："一句话，按你的要求办！"

一字一世界

长方形的桌子——案

àn
案

金文

篆
小篆

案
隶书

案
楷书

　　古代的"案"字，是个上下结构的形声字兼会意字。下面的"木"字是形符，表明跟木头有关；上面的"安"字是声符，读"ān"。两形合一指"长方形的桌子"。因桌子是用木头制作的，所以用"木"作形符。"安"有平稳的意思，因桌子必须平稳不摇晃才能使用，所以"案"字用"安"作声符并会意。

　　"案"字的本义指"长方形的桌子"。"案板"指炊事或工作用的台板，"案桌"指书桌和桌子，"伏案"指俯伏在书桌上，多指勤奋读书或写作。"拍案"指惊异、震怒、振奋时用手拍桌子，"条案"指狭长的桌子。

　　因为官员常在书桌上办公事，而公文和文件又常放在书桌上，所以"案"字又引申指官府的文书档案。试行的法令、规章条例称"草案"，登记的材料称"备案""存案"，分类的材料和文件称"档案"，工作或行动计划叫"方案"，列入议程的"提案"称"议案"。

　　"案"字由"官府文书"又引申指"案件、事件"，如案情、案子、办案、错案、定案、断案、翻案、破案、血案、冤案、铁案如山。

　　"案"字由本义还引申指端饭用的"木盘"，如成语"举案齐眉"，指汉代梁鸿的妻子孟光，每当给丈夫盛饭后，总是把端饭的木盘举得高高的，和眉毛相平，以表示对丈夫的尊敬，后人以此指夫妻相互敬爱。

女真入侵，宋分南北——案

女真族是中华民族历史上一个古老的民族，散居于东北长白山之北，松花江及黑龙江流域。这个民族是满族的祖先。公元1115年，女真族首领完颜阿骨打建立金朝，建都会宁，即今黑龙江阿南城。1125年，阿骨打的继承者灭了辽国，继而向南进攻，1126年攻入开封，第二年灭了北宋，迁都中都，也就是今日的北京。后来又迁到汴京，也就是开封。我们所熟悉的《水浒传》里的许多故事和包公断案的故事，大都发生在这儿。公元1127年，延续了167年的北宋王朝被金国灭亡，宋徽宗和宋钦宗以及王室人员和所有大臣被押回金国。当时康王赵构不在开封，后来由他建立了南宋，这便是宋高宗。他把都城建在临安，也就是今日的杭州。接着就是我们熟悉的秦桧卖国、岳飞抗金的故事了。

我们详细讲这段历史，就是为下面一则小故事做铺垫的。

话说北宋灭亡后，中国北方顿时大乱。为反抗金兵的烧杀掳掠，义军突起，奋勇反抗。

开封城里有位老秀才，他虽不能参军打仗，但以自己独特的方式，表达了对金兵的抵抗。他号召开封民众不忘国耻，要恢复大宋江山。

这位老秀才在自家大门口竖了块大木牌，上面只有一个斗大的"案"字。过往行人，无不驻足揣摩：写这"案"字是什么意思？老秀才笑而不答。

连续十余日，人们议论纷纷。后来，有高人终于解开了谜团，原来这"案"字包含一句让百姓猛醒的话："女真入侵，宋分南北。"细加分析，你可看出，"案"字当中一"女"字把"宋"字拦腰斩断。按照上北下南的格局来说，上面是北宋，下面是南宋，这就是"女真入侵，宋分南北"。老秀才意在号召百姓，莫忘保卫大宋之责。

àn
暗

暗 金文

暗 小篆

暗 隶书

暗 楷书

日光暗淡

　　古代的"暗"字是个左右结构的形声字。左边的"日"字是形符，表示这个字与"日"字有关；右边的"音"字是声符，读"yīn"。"暗"字的本义指"太阳没有亮光"。这种现象指日食时，太阳没有了亮光。

　　太阳没有亮光，指"光线不足，不明亮"。"暗淡"指不光明、不鲜艳。"暗室"指不透光的房间，黑暗之中或背地里、私底下称"暗中"，没有光亮或比喻社会腐败称"黑暗"，阴沉或不可告人的称为"阴暗"，昏暗不明称为"幽暗"。暗无天日、弃暗投明、若明若暗等都是指光线不足、不明亮。

　　因为光线不足，不明亮，看不清，不显露，所以就引申指"秘密""隐蔽"。"暗藏"指隐藏或隐蔽，"暗潮"指暗中发展，还没有表面化的事态。"暗害"指秘密杀害，"暗伤"指没显露出来的损伤，也称"内伤"。暗器、暗流、暗示、暗算、暗探、暗喜、暗笑、暗地里、暗箭伤人、暗送秋波、天昏地暗、明来暗往、明争暗斗等，都是秘密的、不显露的意思。

　　由于是秘密的、不显露的，所以使人糊涂，又引申指"愚昧"。兼听则明，偏听则暗，这里的"暗"字就是指"糊涂、愚昧"。

站立二日旁——暗

俗话说："龙生龙，凤生凤，老鼠的儿子打壁洞。"此话有点血统论，不妥。换句话说就比较中听："子承父业，跟遗传基因有关。"这种说法究竟科学到什么程度，另当别论。单说青年画家黄小阳的事儿，就让人纠结。

江苏无锡是个人杰地灵、人才辈出的地方，别的不说，光是著名书画家就有近百人。特别是油画家黄作阳，他的作品在全国频频获奖。他的夫人陈媛旦是他在美术学院读书时的同学，她的工笔花鸟画在美术界深受好评。他们的儿子黄小阳从小受父母艺术熏陶，也颇有艺术细胞，他从美术学院油画系毕业后，回到父母身边，一边继续学习，一边寻找发展机会。

黄作阳夫妇成立了个"黄作阳油画工作室"，黄小阳帮着打理。说实话，黄小阳的油画作品充满朝气，颇有新意，但挂到墙上，来买画的客户，却都看中他父亲的作品。客户进门，都只知黄作阳而不知站在面前的青年画家黄小阳。更让黄小阳伤感的是，他外出办事，都要先亮出自己的身份："我是黄作阳、陈媛旦的儿子……"否则人家不理睬。当人们刚认识他时，一边热烈握手，一边惊呼："噢，你是黄大师、陈大师的儿子啊……"他仿佛在替爸爸妈妈跟人家握手。黄小阳并不为此自豪，反而有点自卑了。

黄小阳把自己心中的苦恼，讲给自己的恩师裘国其听。裘先生是无锡城书画界元老，与黄家是世交。他听罢小阳的诉说，提起笔来，写了一幅字给他："站立二日旁，岂能放金光。大鹏应展翅，男儿当自强。"

裘老谦虚地说："打油诗一首，供你全家参考。"

小阳明白恩师的意思。他曾不止一次地对父母说过："不要把孩子困在身边。你们的光环把孩子罩住了，他反而暗淡无光，要让孩子自己去闯……"

裘老先生的那幅字，点出了个"暗"字，也暗示小阳不要依赖父母，而是要自己闯天下。几天后，他便北上当"北漂"了。

仰起头向上看——昂

áng
昂

金文 昂
小篆 昂
隶书 昂
楷书 昂

　　古代的"昂"字是个上下结构的形声字兼会意字。上面的"日"字是形符，表示跟太阳有关；下面的"卬"字是声符，读"áng"。两个字形合在一起，表示人将脸抬起向上看，指仰起、抬高。

　　从形声字的角度讲，人抬头向上看，是仰望太阳，因太阳是悬在高空最明显的。平时，人们要辨别时光天气，都是先抬头看看太阳。后来将上面的"日"字改成扁"曰"字了，但仍应看作是"日"。

　　古人为什么用"卬"字作"昂"字的声符呢？因为"卬"字是"仰"字最早的字体，后来在旁边加了个单人旁才成"仰"。篆书中的"仰"字，像一个跪在地上的人，仰望着站立着的人，本义指"脸朝上"。而"昂"是指"仰起，抬高"，所以用"卬"字作声符并会意。

　　"昂"字的本义指"仰起、抬高"。仰头抬胸、毫不害怕的样子称"昂然"。仰着头称"昂首"，也称"昂首挺胸""昂首阔步"。

　　"昂"字由本义"抬高"，引申指"上涨、贵"，如昂贵。由"上涨"又引申指"精神振奋"，情绪高涨、奋发向上称为"昂扬"，形容精神饱满、气度不凡称为"轩昂"。斗志昂扬、慷慨激昂、气宇轩昂等都是这个意思。

红日当空人尽仰——昂

建阳师范学校坐落在小县城。这县城不出名,但这学校却名扬四海,以至周边省市乃至京城的许多家长,打破头也要把子女送到建阳师范来读书。为此,还带动了当地的经济发展。

"饮水不忘掘井人",当地人不忘建阳师范创办人高昂老先生。七十年前,年轻的高昂把父亲留给他的田产卖光,只留下几间瓦房,开办了一所小学。他将小学办成初中再办成师范,当地人称他是"毁家办学"。他在当地的声望,超过任何达官贵人。他的学生数以万计,平时来访的人络绎不绝,每到节日,贺信贺卡贺电更是数不胜数,以至学校不得不成立个临时办公室来处理。

今年恰逢高老九十大寿,学校准备庆贺一番。寿桃寿面这类事好办,只是高老传下话来:什么礼也不收,只求本校教师的书画一幅,作为纪念。

校长不敢急慢,忙召来美术教师和语文教师开会商量:画什么?写什么?

美术教师中有高手,他们画了幅高老的肖像。只见他倒背着手,仰望着远处的红日,满怀豪情,神采奕奕,好似在展望未来。大家都称赞这幅画很传神,很逼真,高老肯定很喜欢。画上的空白处题首诗,还是写句祝福语?这可难坏了语文组的老师们。群策群力,集思广益,经一番推敲,语文组的老师们终于找到了一句关键语:红日当空人尽仰。

这句话不仅跟画面吻合,还巧妙地隐藏了个"昂"字。"红日"指"昂"字的上部,"人尽仰"指去掉"仰"字中的单人旁成为"卬",而"人尽仰"又表达了"人人敬仰"的意思。

不知谁小声问:"人家会不会怀疑我们把高老爷子当作红太阳?"

校长想了想,响当当地说:"画面上,高老沐浴着阳光,在仰望太阳,他怎么会是太阳?再说,我们心中的太阳是文化知识和先进思想,有谁钻牛角尖,你叫他找我算账!"

用文火慢慢地煮——熬

小篆的"熬"字是个上下结构的形声字兼会意字。上面的"敖"字读"áo"，作声符并会意。

"熬"字下面的四点表示"火"，作形符，指跟"火"有关。

"火"字与"熬"字组合，指用文火，即火势较弱的小火慢慢地煮。

因是指用文火慢慢地煮，这跟火有关，所以古人用表示"火"的四点作"熬"字的形符。

古人为什么用"敖"字作"熬"字的声符呢？

小篆的"敖"字是个会意字，由"放"字和"出"字组成，表示"放浪出游"。隶变后的楷书写作"敖"，本义指"出游、闲游"。后来"敖"字作了偏旁，外出闲游之意，古人就另造了个"遨"字来表示，本义指"游玩"。可见"敖"字是"遨"字的本字，是最早的"遨"字。"敖"字也有闲游、漫游之意。当一个人寄情于山水时，有流连忘返不愿离开之意。而食物用文火慢煮必在锅里流连许久，所以古人用"敖"字作"熬"字的声符并会意。

楷书的字形由小篆演变而来，写作"熬"。

"熬"字的本义指"用文火长时间地煮"。如熬盐、熬鸡汤、熬药、熬小米粥。

因是长时间地煎、煮，所以"熬"字由本义引申指"忍受"。如通夜或深夜忍住困乏不睡觉称"熬夜"，痛苦地度过或没完没了地纠缠称"熬磨"，忍受着痛苦地过日子称"苦熬"，受折磨也称"煎熬"，或"熬煎"。

"熬"字是个多音字，读作"āo"时，由本义引申指"烹调的方法"。如熬白菜、熬豆腐。

"熬烧"和"毫烧"

"熬烧"或"毫烧"，是吴方言，流行在上海、苏州、无锡一带，这话的意思是催促别人赶快去做某件要紧的事情。"熬烧点！熬烧点！"也有"毫烧点！毫烧点！""熬烧"和"毫烧"都是"快"的意思。

说起这两个词的出典，有段民间故事。

几十年前，大小城市或人口集中的小镇都有烧开水卖的店，这种店面设有两口大铁锅外加前面三个小铁锅，底下有个深深的炉堂，以砻（lóng）糠、木材或煤块为燃料，将水煮沸，供居民饮用。五十年前一热水瓶一分钱。店家用小竹片制成筹码代替钱，使用时更方便。

早年间，无锡的老虎灶随处可见。无锡南市桥有家严记热水灶，雇的伙计叫阿三。此人矮胖壮实，一脸络腮胡子，胸前手臂毫毛浓密，干活勤快利索。没人来泡水时，炉膛封住，节省燃料。若有人拎着热水瓶或焐脚的汤婆子这是冬天老人取暖焐脚用的器具走来，阿三随即用长铁钎在炉膛里哗啦啦搅两下，火势猛起，小铁锅里的水便翻滚起来，他就提起大铜勺给来客舀水。

这天来了位老太太泡汤婆子，老太太给阿三付水筹时，不小心将汤婆子的铜盖子掉落到沸腾的汤锅里了。阿三眼疾手快，没等铜盖子下沉，就"嗖"地伸出两指，将铜盖子夹了上来。老太太赞道："手脚快哉！"阿三听了很得意，提起铁钎搅炉膛，不料，"呼"的一声，一团火窜出炉口，阿三躲避不及，手臂上的毫毛被火烧光了。爱开玩笑的老太太及几位顾客，后来就称阿三为"毫烧"，笑话他动作再快，也没毫毛烧得快。于是，"毫烧"一词便成了"快"的代名词。

也有人认为，此说恐有误。无锡人说此词重音在"áo"，而不是"háo"。有学者考证，苏南地区都读"熬烧"。"熬"与"烧"都有用火烧煮的意思，且是大火猛烧，火势旺，来得快，这就与速度快搭界了。因此，催促人快点办事，就连声说"熬烧"。

海里的大龟大鳖——鳌

áo
鳌

"鳌"字在相关的辞书中的解释不多，恐怕跟用得不多有关。"鳌"字是个上下结构的形声字兼会意字。下面的鱼字作形符，表示是水中生物，跟鱼类有关。"鳌"字上面的"敖"字读"áo"，作声符并会意。

"敖"字与"鱼"字组合，指传说中在海里游的大龟或大鳖（biē）。因是指海里的生物，这跟海水有关，所以古人用"鱼"字作"鳌"字的形符。

古人为什么用"敖"字作"鳌"字的声符呢？

古代的"敖"字是个会意字，本义指放浪出游，引申指"狂妄自傲的样子"。巨大的海龟自由自在，旁若无人地在海中遨游，与放浪出游相似，所以古人用"敖"字作"鳌"字的声符，以突出它的巨大与不急不忙，悠哉悠哉，自由自在。

"鳌"字在古文字中是受推崇的一个字。在皇宫大殿前的石阶上刻有鳌的头，考中状元的人可以踏上去，后来用"独占鳌头"来比喻占首位或取得第一名。

鳌
小篆

鳌
隶书

鳌
楷书

"状元"为何称"独占鳌头"

在中国神话传说中,龙共生了九个儿子,九子各不相同,其中有一个称"鳌"。它本是龙王三太子,因偷喝了玉皇大帝的玉浆液,被罚到东海为鳌。鳌被看作是神异之物,是人们心中的保护神。从唐朝开始,在宫殿门前的台阶上便刻着巨鳌的浮雕作装饰品,所以宫殿又称为"鳌宫"。

说罢"鳌",再来说与此有关的科举考试。

中国的科举考试制度,自隋朝创始,到清朝结束,前后1300年,共产生770名文武状元。这些状元又称"独占鳌头"。为什么称他们为"独占鳌头"呢?

读书人先要考中秀才,才有资格参加科举考试。

科举考试分乡试、会试、殿试三级。乡试每三年在省城举行一次,取中者称"举人"。通过乡试的举人,次年三月可参加在京师举办的会试和殿试。会试由礼部在贡院举行,连考三场,每场三天。会试考中者称为"贡士"。接着,考中"贡士"的人可以参加四月举行的殿试。殿试是科考的最后一级,由皇帝亲自主持和出题,并决定名次。殿试一般不再淘汰人了,只是将所有人按成绩排出次序,录取名单称为"甲榜",又称"金榜"。在金榜上有名字这就是人们常说的"金榜题名"。金榜题名者又分为三甲:一甲只取三名,第一名为"状元",第二名为"榜眼",第三名为"探花",其他人分在二甲、三甲。宋朝以前,第二名和第三名都称"榜眼"。因填写进士榜时,状元的姓名居上端正中,二三名分列左右,像人的一对眼睛,故称"榜眼"。到宋朝末年,只称第二名为榜眼,第三名为"探花"。这些都是俗称。

殿试结束后,状元、榜眼、探花等人到皇帝殿前台阶石上迎榜。唐宋时期,皇帝殿前台阶上的中阶石上都刻有巨大的鳌鱼,以象征皇权的威严。迎榜时,只有状元一人独自站在这中阶石上,将鳌踩在脚下,所以称他"独占鳌头",后来人们就用"独占鳌头"来形容考中第一名的"状元"。

自高自大太骄傲

ào
傲

金文
小篆
隶书
楷书

　　古代的"傲"字是个左右结构的形声字兼会意字。左边的单人旁是形符，表示与人有关；右边的"敖"字表声，读"áo"。两形合一，指"人自高自大，看不起别人"，所以用单人旁作形符。

　　古人为什么用"敖"字作"傲"字的声符呢？这就得说一下"敖"字的字形字义了。

　　古代的"敖"字是个会意字。它是由"出""放"这两个字组合而成的，表示出游、游玩、放浪的意思。"敖"字也用来表示嬉戏、玩耍。"敖"字中出游、嬉戏这层意思，表现在"敖弄""敖戏""敖荡"等词语中。后来在表示这些意思时，不再写作"敖"，而是"遨"，这就是我们现在常说的"遨游"，表示漫游、游逛、游玩。

　　正因为"敖"字有"外出游玩和放浪"的意思，而自高自大的人大都傲慢无礼、旁若无人，有放肆的意味。所以"傲"字用"敖"字作声符并会意。

　　"傲"字的本义指"自高自大"。看不起别人，对人没有礼貌称"傲慢"；傲慢地看待别人称"傲视"；自高自大的作风称"傲气"；任性称"傲性"；极其骄傲也称"高傲"；孤僻又高傲称"孤傲"；傲慢不恭称"倨傲"。

　　"傲"字中贬义词较多，但有时也具有褒义，如"傲然挺立"，含有"坚强不屈、大义凛然"的意思。"傲骨"指"高傲不屈的性格"，"傲人"指"所做的成绩值得骄傲自豪"。这些词中的"傲"字都含有褒义。

含蓄的批评——傲

高波是师范大学中文系学生，长得一表人才，又具有诗人气质，在读大学二年级时，便有诗作见之于报刊，还被省作家协会吸收为会员。在学校里，他成了学生中唯一的作家、诗人。

转眼，高波大学要毕业了。毕业前，他被分配到市重点中学去实习。他的指导老师是该校语文组组长杨老师。杨老师教学经验丰富，学识渊博，为人谦和，待人宽厚，是个德高望众的长者。他对高波十分关心，帮他备课，一同研究教案，还一招一式地教他试讲。开头几堂课，杨老师都是从头至尾坐在学生中听，课后及时地跟他交流，指出成绩与不足，提高他的教学水平。

不久，高波开始独立讲课了。没有人听课，他便自以为是，自作主张，常常离开教案，向学生讲自己的诗作，还声情并茂地朗诵给学生听，以显示他是名作家、诗人。班主任老师向他提出，要他按教案讲，他不以为然。

杨老师渐渐发觉，高波不仅听不得别人意见，而且很瞧不起执教多年的老教师：说这人普通话不标准啦，说那人板书太蹩脚啦，又说谁讲课不生动啦，好像他最完美似的。

实习结束后，别的实习生评分都是"优"，唯独高波的评分是"及格"。有老师向杨老师提出，高波这位师范大学毕业生，似乎不宜当教师，也许适合当作家、诗人。

高波看了自己的评语后觉得很沮丧，也很苦闷。临走时，他向杨老师告别，特地带了本精美的笔记本，请杨老师题几句话作纪念。杨老师也不推托，沉思一番，写了三行字："孤身一人，独占鳌头，使人落后。"

高波看着这三句话，诗不像诗，词不像词，是顺口溜又不押韵，觉得纳闷。当时他没好意思问杨老师，等回学校，他对这三句话再三琢磨，终于明白了，杨老师是在含蓄地批评他骄傲自满啊。

读者朋友，你看出这三句话的含义了吗？

供奉神灵的屋子——奥

ào
奥

　　古代的"奥"字是个会意字。上面是个"宝盖头"，表示房屋。下面的字形像双手捧着稻麦，表示人捧着稻或麦祭拜室内的神灵之意。

　　小篆的字形承接古文，但将稻麦的形状写成了"采"字。也有学者认为，这个"采"字是指"米团儿"，也就是饭团儿，以祭祀神灵，祈求风调雨顺，稻谷丰收。隶变后的楷书写作"奥"。

　　"奥"字的本义指"供奉神灵的屋子"。

　　"奥"字由本义引申指"神灵居住的地方"。由此又引申指"深奥、不易懂"。如渊深而广博称"奥博"，奥妙神秘称"奥秘"，深奥微妙称"奥妙"。古老深奥、难于理解、不容易懂称"古奥"。古时"奥"字也用来指"房屋的深处"，如堂奥，即指厅堂和内室深处。也指深奥的道理。

小　篆

隶　书

楷　书

"奥灶面"和"鏖糟面"

"奥灶面"以红油爆鱼面和白汤卤鸭面最为著名。面汤是用青鱼的鱼鳞、鱼鳃、鱼肉、鱼的黏液煎煮熬出来的，所以味道鲜美无比。爆鱼用大青鱼制作，卤鸭则以"昆山大麻鸭"用老汤烹煮，故肥而不腻，清而爽口。面条则是用精白面加工成龙须面，下锅时紧下快捞，所以软硬适度。一碗面端上桌时，汤热、碗热、油热、面热、浇头热，保持原汁原味，这就难怪"奥灶面"如此美味，有如此美名了。

至于"奥灶面"的名称由来，众说纷纭。传说乾隆皇帝下江南时，在昆山城内玉峰山下一家面馆吃了碗面，顿觉味道鲜美，便叫随从打听烹制方法。也许语言不通，随从听了似懂非懂，他急中生智，回禀皇上说："此面味道好，全在于面灶上的奥妙。"乾隆听了，哈哈大笑，赞道："面灶奥妙！奥妙的面灶！"从此，这玉峰山下的小面馆，就有了"奥灶面"的美称。但此说无据可查，只是口头传说而已，当不得真的。

比较靠谱的说法是，昆山十字街头，有家名叫"颜复兴"的老面馆，这家老面馆虽在闹市口，但店面并不宽敞，加之年久失修，屋里黑咕隆咚。掌厨捞面的陈师傅年已花甲，人老眼花，手脚慢，灶台上乱糟糟的。但这儿面的味道却是全城别家面馆所不能相比的。其味鲜美，一些老顾客，一年三百六十五日，每日必吃。有食客好奇，常到灶台上的大铁锅查看，只见锅里煮的是猪骨头、牛骨头、羊骨头还有鸡、鸭、大青鱼，食客们惊呼："鏖（áo）糟面！鏖糟面！"

"鏖糟"是昆山方言，就是指不太干净，用南方话讲是"脏兮兮"的，用南京话讲是"糟五糟六的"，用普通话讲有"乱七八糟"的意思。正因为店家不惜工本，用羊骨、牛骨、鸡肉、鸭肉、鱼肉熬汤，所以才突出了老祖宗发明的汉字"鲜"字。一碗面的好坏，全在于"汤"。"汤"如此鲜，"面"就味美了。

看来，"奥灶面"的美名，源自昆山土语"鏖糟面"。"鏖糟"毕竟不宜与饮食相配，取其谐音，用"奥灶"为名是最恰当不过的了。

一字一世界

心中悔恨很懊恼

ào
懊

懊 小篆

懊 隶书

懊 楷书

　　小篆的"懊"字是个左右结构的形声字兼会意字。左边的竖心旁作形符，表示跟人的心理活动有关。右边的"奥"字读"ào"，作声符并会意。

　　竖心旁和"奥"字相组合，指"心中悔恨"。因为心中悔恨，这是种心理活动，所以古人用竖心旁作形符。

　　古人为什么用"奥"字作"懊"字的声符呢？因为一个人的悔恨和懊丧心情是一种难以言表的深层次的思想感情，很复杂、很深沉。那种悔恨是发自内心，难以磨灭的。而"奥"字有深奥、奥秘之意，与人的悔恨烦恼是相通的，所以古人用"奥"字作"懊"字的声符并会意。

　　楷书的字形是由小篆演变而来，写作"懊"。

　　"懊"字的本义指"悔恨、烦恼"。烦恼与悔恨是交织在一起的。有悔就有恨，有恨便有烦恼，不知如何是好，懊恼也随之而来了。因诸事不顺，就会情绪低落，精神不振，垂头丧气，这就是"懊丧"了。

"懊"悔已迟

明朝洪武年间，福州有两个书生，一位名叫陈苏，一位名叫刘宗元，他俩是同窗好友。这年两人同时赴京赶考。陈苏中了进士，被朝廷委派到闽南山区一座小县城当县令。刘宗元名落孙山，回家苦读，打算下次再考。

陈苏到任后，见县衙缺个文书，便向上司极力举荐刘宗元担任此职。获上司批准后，刘宗元便到这小县城任职，为陈苏打理文牍档案及内部琐事，让陈苏集中精力办理钱粮税收、审理案件、监狱管理、社会治安等要务。

说到审理案件，监狱管理，陈苏深感当个县令之不易。他原以为这儿是世外桃源，天下太平，岂料这儿跟山外一样，欺行霸市的、杀人放火的、鸣冤叫屈的……时有发生。小小的牢房，常人满为患。不少人进了大牢，这才老实了许多。有的戴着枷锁，有的钉上脚镣，一旦失去自由，他们方知自由的珍贵，顿时懊丧不已，或痛哭流涕，或捶胸顿足、向家人或受害人忏悔……

刘宗元跟陈苏一样，深有同感。他把这一切看在眼里，记在心上。他琢磨了好一阵子，向陈苏建议，在牢房大门外写些警句，告诫犯人，要他们改恶从善，重新做人。

陈苏对这建议深表赞赏，并提议就在大门两边挂副对联吧。作对联是他俩的看家本领，经几日琢磨提炼，一副对联作成了：

到此间懊丧已迟，何苦做事为非，竟致捉将官里去；
出狱后光阴尚在，务要循规守法，莫叫再入我门来。

这副对联，且不说上下联对仗工整，也不说句式通俗易懂、朗朗上口、十分亲切。单就内容来讲，真可谓苦口婆心、谆谆教导，每一句都是金玉良言，可对犯罪人起警示作用，对悔罪人也起鼓舞作用，即便放到今日也适用。

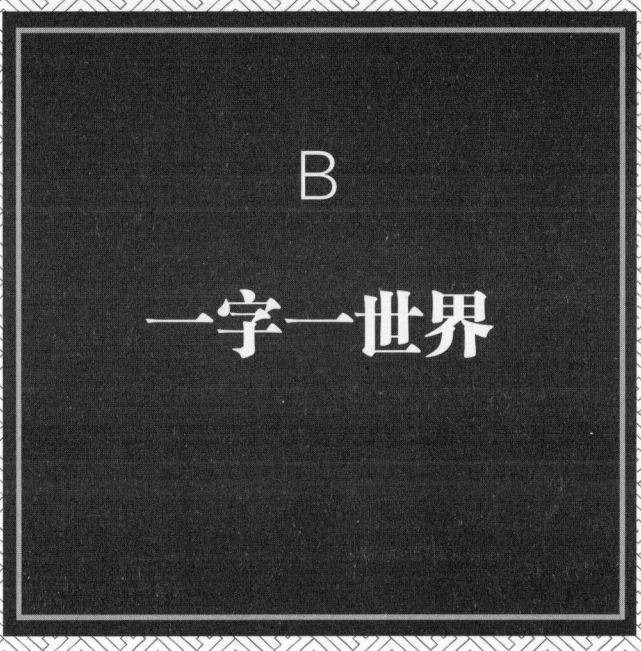

B
一字一世界

bā
八

八 甲骨文

八 金文

八 小篆

八 隶书

八 楷书

拇指、食指分开是八

  甲骨文和小篆的"八"字，是由两个相背、分开而略带弧形的笔画构成的。像两个人背对着背，又像一个西瓜被剖成两半。这是一种分别相背的形状，所以"八"字的本义有分别、分开、背离的意思，如：分、公、半这些以"八"为部首的字，都含有"分""背"的意思。

  后来，"八"字假借为表数目的字以后，人们反而把它的这个本义忘了。

  也有人认为，"八"字本来就是表示数目的字。中国人喜欢用手指表示数目。伸出手，把拇指和食指分开，便构成了左边一撇，右边一捺，形成相背之形的"八"。根据这个形状便有了"八"字。

  有人考证，古代人表述"八"时，不像现在这样，手臂一伸，虎口朝上，而是手臂朝下，虎口向下或向着别人。这样说来就更令人信服了。

唐·怀素 唐·李邕

宋·米芾

"八"字没一撇

当人们说到办一件事没有什么眉目时，会说"八字没一撇，没门儿"。或者说"八字没一撇，还差得远哩"。

据考证，这句话跟南宋时的哲学家、教育家朱熹的一封书信有关。

朱熹（1130—1200），字元晦、仲晦，号晦庵，婺源（今江西婺源县）人，侨居建州（今福建建瓯县）。曾做过转运副使、秘阁修撰等官。学问渊博，广注经典，对文学、经学、史学、乐律以及自然学等都有较突出的贡献。他发展了二程（程颐、程颢）关于理气关系的学说。他强调"天理"和"人欲"的对立，要求人们放弃"私欲"，服从"天理"。这个学说被史家称为程朱学派，他是这一学派的代表人物。

朱熹在《与刘子澄书》一文中写了这样一段话：圣贤已是八字打开了，人自不领会，却向外狂走耳。

这段话的意思是说，通入圣贤的大门，早已敞开，可是人们并不理会，非但不跨步进门，反而朝外走。在这儿，他用"八"字比喻已打开的两扇门，显得既生动，又形象。后来，人们就把"八字没一撇"当作一句俗语，专指办事尚没门儿或没什么希望。

"八"字只有两笔：左边一撇，右边一捺。这一撇一捺形状似打开的门。民谚有"堂堂衙门八字开，有理无钱莫进来"，可见"八"字与打开的门相似。"八"字缺了左边一撇，也就不称其为门了，这就是"八字没一撇，没门儿"。

"八字没一撇——差得远呢"也可看作是歇后语。按笔顺，"八"字的第一笔是左边一撇。这一撇还没写，比喻事情还没有动手，一切还没有眉目，那就是早着呢、还差得远哩。

一字一世界

张着大口的巨蛇——巳

bā
巴

甲骨文

小篆

巴
隶书

巴
楷书

　　小篆的"巳"字是个象形字，字形像一条张着大嘴巴的巨头蛇，这是古代传说中的一种大蛇。俗话说：人心不足蛇吞象。而古代传说中的这种蛇就叫"食象蛇"。一条能吞下一头大象的蛇，该是多么巨大了。但这只是传说，所以"巴"字的本义只是指古代传说中的一种大蛇。

　　"巴"字由本义"大蛇"引申指黏（nián）住或黏结在别的东西上面的东西。如烧饭时紧贴着锅底的焦了的一层饭称"锅巴"，爬山虎成片地巴在墙上。

　　"巴"字由"黏住"引申指"贴近、挨着"。如趋炎附势、极力奉承称"巴结"。这种人也称"巴儿狗"。

　　"巴"字又引申指"急切盼望"。如巴不得；盼望、指盼可都称"巴望"，"眼巴巴地望着"指热切地盼望着。

　　"巴"字又假借作"地名用字"。如：四川的巴蜀，还有巴东、巴山、巴峡。

　　"巴"字还假借作词尾。如又干又硬的饼状食物称"干巴"，口吃或指口吃的人称"结巴"或"结巴子"，还有泥巴、尾巴、下巴、哑巴、盐巴、嘴巴、急巴巴、紧巴巴、可怜巴巴等词。

　　"巴"字也作姓氏用。

"巴"字谜杂谈

这天，无锡梁溪谜语研究会的同仁，在会长马汉文家举行例会，秘书长小陶，收集了不少有点"巴"字的谜语，就是让大家"尝尝鲜"，看看今人谜语创作的水平。老马抛砖引玉，头一个发言，说："'巴'字笔画不多，但义项不少。作动词表示紧贴，也指粘在别的东西上的东西；'巴'字在方言中很活跃，能派不少用场；它表示盼望，如人们常说的'巴不得'；它表示挨着，如'前不巴村，后不着店'；它是周朝国名，在今四川东部和重庆一带……"

老马正说得起劲，小陶打断他的话："对不起，会长，请暂停一下，我要紧介绍两个跟你说的相关的字谜，大家猜猜看。'古来成一国'是什么字？"

马汉文道："这不就是我刚刚说过的，中国周朝时期四川东部的巴国么？"

小陶说："老马，你只知其一，不知其二。它还暗含'古'来了就成一个国家，那就是拉丁美洲的古巴啊。"

老马连连挠头："啊，妙！妙！"

赵振南道："若说地名，我看到还有一个'来月到合肥，四川再相会'。谜底是'巴'字。'巴'字加'月'为'肥'。'四川'二字暗含'巴国'的'巴'字，这个谜面一箭双雕啊！"

小陶说："这比'有肉才肥'高雅多了。"

老马笑道："你再说两个猜起来过瘾的。"

小陶道："'眼镜蛇'如何？"

老马说："'巴'字是象形字，指的就是眼镜蛇。这并不难猜啊。"

小陶介绍说："有个字谜故事叫'日横金钩挂'。说的是两位举子赴京赶考，途中住一客店。店主不说姓名，让两位举子猜，谜面就是'日横金钩挂'。"

老马赞道："这谜面有诗意，有想象力，而且气势大。店主姓'巴'，这'巴'上面是横写的'日'字，下面那一钩称作'金钩'，仿佛金钩挂住横着的太阳，多有气魄啊！"

用手拆开——扒

bā 扒

扒 小篆
扒 隶书
扒 楷书

古代的"扒"字，是个左右结构的形声字兼会意字。左边的提手旁是形符，表示跟手的动作有关；右边的"八"字是声符，读"bā"。这两个字形组合在一起，表示用手将东西拆开。提手旁是手的变形，所以"扒"字用提手旁作形符。

古人为什么用"八"字作"扒"字的声符呢？因为"八"字有分开、相背、一分为二的意思，而"扒"是指拆开，也有"分开"的意思，所以"扒"字以"八"字为声符并表意。

"扒"字的本义指"拆开、挖开"，如扒墙、扒房、扒堤、扒坑等。

"扒"字由本义引申指"抓住、把握住"，如扒住车门、扒住栏杆、扒住墙头。

"扒"字由本义引申指"剥下、脱掉"，如扒皮、扒毛、扒外套、扒鞋子、扒树皮。

"扒"字是个多音字。读作"pá"时，由本义引申指"用手或工具把东西分开或聚拢"，如扒草、扒土。

"扒"字由"抓住"引申指"抓、搔、扰"，如扒痒。也引申指"从别人身上偷窃物品钱财"，如扒窃、扒手。还引申指"一种炖烂食物的方法"，如扒羊肉、扒鸡、扒猪头、扒白菜。

与"扒"手谈心

这天,杨老师在给"汉字教学课题组"的同学们讲课时,讲到动词"扒"字。金一鸣奇怪地问:"为什么称小偷为扒手呢?"

杨老师说:"称小偷为扒手,真是再准确不过啦。小偷盗窃人家财物时,用手扒开人家皮包或口袋,伸出手指在里面摸呀,挖呀,掏呀,扒呀,这多形象呀。再说'扒'字里的'八'字有分开的意思,小偷把人家的财物分一部分到自己口袋里,这就是扒手。也算巧,星期天我就遇到了个扒手,讲给大家听听。"说罢他讲了起来。

星期天上午,我从市图书馆借书出来,上了公交车,有个年轻人一直紧紧地靠着我,我发觉,他右臂的袖管空荡荡的。啊,这是个残疾人,难怪他站不稳。车子转弯时,他靠得我更紧了,这时,我忽然感觉到他的左手伸进了我西装口袋里。我没有声张,只是轻轻地警告他:"年轻人,要自爱啊。"他将手抽出我的口袋,顿时脸红了。

我看到他脸红到耳朵根,知道这人还有一点羞耻心,便温和地问:"进城打工的?"他摇摇头说:"混饭的!"我说:"快中午了,肚子饿的话,跟我下车,我请你吃碗牛肉面。"

这小伙子跟我下了车。我们在学前街一家牛肉拉面馆找个角落,边吃边聊。我怕他多心,不刨根问底,他反而告诉我几年前在打谷时被脱粒机绞断了一条胳膊,成了残疾人。但他不服输,哪怕只剩一只胳膊,他也要摘掉穷帽子,挖掉穷根子,做个有钱人。

我听他讲完,首先感谢他对我的信任,同时告诉他,我喜欢研究汉字。我问他,你发誓要摘掉穷帽子挖掉穷根,这是个什么字?他茫然地摇摇头。我用筷子沾点面汤,在桌上写了个"穷"字说:"你要摘掉'穷'的帽子宝盖头,挖掉'穷'的根子'力'字,剩下个'八'字,再加上你这只胳膊,正巧是个'扒'字。'扒'字是小偷。你干的是见不得人的事,即使你富了,有谁看得起你?我希望你凭一只手自食其力。"我将手机号码给了他,愿助他一臂之力。正巧,有家公司要找个看自行车的人,我介绍他去了。

同学们静静地听着,一个个沉思起来。

疮疖愈后的痕迹——疤

bā
疤

　　小篆的"疤"字原先写作"瘢"。隶变后的楷书写作"瘢"。当时有个俗体字写作"疤"。如今这两个字仍在使用，但读音不同。"瘢"读"bān"。也表示疮伤好了之后留下的痕迹。

　　"疤"字是个左上包围结构的形声字兼会意字。左上方的"病字头"表示与疾病有关，作"疤"字的形符。右下方的"巴"字读"bā"，作声符并会意。

　　"巴"字与"病"字相组合，指人得了疮、疖或受到刀伤好了之后所留的痕迹。

　　因是指得了疮、疖或伤口愈后的痕迹，这跟疾病有关，所以古人用"病"字作"疤"字的形符。

　　古人为什么用"巴"字作"疤"字的声符呢？

　　"巴"字在古代是个象形字，像条张大嘴巴的蛇。蛇善于附着物体曲折爬行，后引申指"粘贴、依附、靠近"，所以用来指"粘在别的东西上的东西"，如锅巴，这样就有干结物的意思。人身上的疤脱落下来与锅巴相似。所以古人用"巴"字作"疤"字的声符并会意。

　　楷书的字形由小篆演变而来，写作"疤"。

　　"疤"字的本义指"伤口或疮疖之类平复后留下的痕迹"，如伤疤、疮疤、刀疤。

　　"疤"字由本义引申指"器物上像疤的痕迹"，如瓷杯上有个疤。常用的词有疤痕、疤脸、疤眼、结疤等。

疤 小篆

疤 隶书

疤 楷书

伤"疤"

颜先生生于1942年，日本帝国主义正疯狂侵略中国，中国人民生活在灾难之中。那时，药品奇缺。颜先生生下后种牛痘时，牛痘苗过期，引起伤口发炎，继而皮肤溃烂，导致左臂伤口处掉下一块肉，留下一大块凹陷的伤疤。

颜先生大学毕业后，分配在江苏无锡东门中学当老师。十年动乱期间，学生要到农村劳动锻炼。颜老师常带学生到田头干活，赤膊上阵。坐在田头休息时，有同学看到颜老师手臂上的伤疤，好奇地问："颜老师，这伤疤哪来的？"

颜老师好开玩笑，一本正经地说："你们听说过红军二万五千里长征，强渡大渡河，飞夺泸定桥的故事吗？我就是那爬过铁索桥，冲到桥头堡，消灭敌人机枪手的勇士啊。敌人一颗子弹打中我左臂，伤口被铁索上的铁锈感染，留下这伤疤……"

那时的初中生没什么文化，一个个信以为真，纷纷上来抚摸颜老师的伤疤，眼睛里充满敬仰之情。颜老师觉得很受用，没当回事。

不久，校领导听到了有位老师是老红军的传言。查来查去，这"老红军"便是年方二十六岁的颜老师。工宣队长将他找去批评了一番，要他今后不要自吹自擂。

铁打的校园，流水的学生。送走一届毕业生，颜老师又会带新生到学农基地劳动。这个基地就在风景如画的无锡头渚大门口，紧靠聂耳亭。当时这儿是一片桃园和山芋地。赤膊劳动之余，又会有学生抚摸颜老师手臂上的伤疤，问其来源。颜老师吸取教训，就用很卑谦的语气告诉孩子们："在万恶的旧社会，我四处流浪，乞讨为生。狠心的老地主，没给我一口饭，放出恶狗，咬了我手臂上一块肉……"

刚升初中的孩子半信半疑，但此事传到校领导那儿，颜老师还是遭到批评。因为颜老师家庭出身是地主，怀疑他有借机发泄不满之嫌。如今颜老师已垂垂老矣，回首往事，"伤疤"一词常萦绕心头。他左臂上那伤疤，既有点历史伤痕，也有点心理伤痛。

用手分开——捌

"捌"字，是个左右结构的形声兼会意字。左边的提手旁是形符，表示跟手有关；右边的"别"是声符，读"bié"。这个"捌"字的意思是剖开来，分成两份。要把一样东西剖开来，就必须用手，所以用提手旁作形符。

古人为什么用"别"字作"捌"字的声符呢？因为"别"字有分开来的意思，而一剖为二，也就是分开来，所以用"别"字作声符兼会意。

"捌"字的本义就是"分"。但也有人认为，"捌"字的本义指古代的一种农具，形状像耙（pá）子，但上面没有齿，与钉耙不同，这种耙称为"无齿耙"。后来这种耙写作"朳"，如今已不多见了。

"捌"字，同音假借，作为数词"八"字的大写，别的也没什么用场了。但我们必须掌握它，在开发票时或某些经济活动中要用到它，因其笔画多而不易涂改或搞错。

一个字谜四出戏——捌

南京有许多京剧票友，每逢节假日，都喜欢聚到一起，唱上几段。票友中，也不乏谜友。他们边唱京戏，边讨论谜语，常常在京腔京韵中触发灵感，制作出妙不可言的谜语来。

这次聚会，老刘唱罢"武松打虎"，又唱"宋江杀惜"。别人唱"王婆骂鸡"时，他猛地想到个字谜。

待到众人坐下喝茶休息时，老刘站到场地中央，说："诸位，我将今天唱的四出戏连起来，各位猜猜看，是个什么字。"

众人嚷嚷："别卖关子，说吧，哪四出戏？"

老刘一一道来："这四出戏，都是《水浒传》中的。头出戏'野猪林'，二出戏'王婆骂鸡'，三出戏'武松打虎'，四出戏'宋江杀惜'。"

大家猜了半天，也没能猜出来，只好认输，请老刘揭开谜底。

老刘神气地说："诸位猜谜的水平如同当前的股市，日见走低啊。这是繁写的'捌'字呀。'野猪林'中，鲁智深用禅杖劈树，不是要用手么？这就是提手旁。'王婆骂鸡'要用嘴，这就是上头的'口'字，'武松打虎'要用'力'，'宋江杀惜'要用刀，四样合在一起，不就是个'捌'字嘛。"大家点头认可。也有人说："头出戏，不如用鲁智深倒拔垂杨柳，那才真正是用手呢。"

老刘答应，对这则字谜，回去继续打磨，使之成为精品。

用手拉出来——拔

bá
拔

小篆
拔
隶书
拔
楷书

　　古代的"拔"字，是个左右结构的形声字兼会意字。左边的提手旁是形符，表示跟手的动作有关；右边的"犮"字是声符，读"bá"。这两个字形组合在一起，指用手把东西拉出来。拉、抽、拽的动作都要用手，所以"拔"字用提手旁作形符。

　　古人为什么用"犮"字作"拔"字的声符呢？

　　古代的"犮"字是个指事字，由"犬"字组成，那一撇指用绳子绊着犬腿，表示狗跑起来艰难不便。隶变后楷书写作"犮"，有点像简体字"龙"了。如今规范化写作"犮"，千万不能跟"发"字相混。

　　"犮"字的本义指"狗奔跑艰难的样子"，后引申指"艰难行走或落在后面"。后来这"犮"字作了偏旁，古人就在旁边加了个义符"足字旁"，写作"跋"，用这个字来表示艰难行走，如"跋山涉水"，形容旅途艰苦。正因为此，所以古人才用"犮"字，以显示"拔"是要用力气、很不容易的。

　　"拔"字的本义指"向外拉、抽、拽"，如拔草、拔河、拔脚、拔丝、拔腿、拔牙、开拔、一毛不拔、剑拔弩张、拔苗助长。

　　"拔"字由本义引申指"吸出"，如拔火罐、拔毒、拔火。由本义又引申指"提升、选取"，如拔高、拔节、拔锚、拔取、提拔、选拔。又由"提升"引申指"高出、超出"，如海拔、拔兴、超拔、挺拔、出类拔萃。

　　"拔"字由本义还引申指"攻克"，如拔掉了敌人的据点。

　　"拔"字也作姓氏用。

"拨"去一拐就是"拔"

这天，杨老师的课题组，又在探讨怎样少写错别字的事儿。杨老师只要求同学们能做到"少写错别字"，没说"消灭错别字"。谁能担保自己不写错别字呢？

讲课前，杨老师请金一鸣、杨莎莉、刘坤培等几个同学到黑板上默写词语，分别是：生动活泼、出类拔萃、跋山涉水、拨乱反正。

结果是，上台五个人，没有一个是全部写对的，就连金一鸣、杨莎莉，也把"拔"字写成"拨"字了。

金一鸣显得很难为情，小才女杨莎莉羞得脸儿都红了。杨老师安慰同学们："没关系，我读高中时，这两个字还常写错呢。我教大家一个小窍门，记住两句话，就容易区分这两个字了。"

杨老师问金一鸣："人们碰到老朋友会怎样？"

金一鸣说："外国人喜欢拥抱，中国人喜欢握手，或是点点头。"

杨老师纠正道："见到熟人点点头，但见到好朋友，总是又握手、又点头。"说着，他在黑板上写了个"拔"字，继续说道："左边提手旁是握手，右边一个'友'字是朋友，'友'字右上头加一点，这叫'朋友握手一点头'。这就是'拔'。"

金一鸣问："怎样区别'拔'和'拨'呢？"

"有办法！"杨老师又写了个"拨"字说："'拨'去一拐就是'拔'。"说着，他将"拨"字右边"发"（fā）字左上角那一小拐擦去一点儿，成了个"发"（bá）字，剩下的就是"拔"字了。

同学们嘴里纷纷地念着："拨去一拐就是拔……"

就在同学们默记这几个字时，杨老师即兴创作了一首儿歌，写在黑板上供大家参考：

发字旁边三点水，瓢泼大雨庄稼毁。
发字旁边一只手，拨动琴弦来唱歌。
友字上面加一点，左边添手提拔你。
友字上面加一点，飞扬跋扈左脚踢。

一字一世界

用手抓紧蛇头——把

bǎ 把

小篆 把
隶书 把
楷书 把

　　古代的"把"字,是个左右结构的形声字兼会意字。左边的提手旁是形符,表示跟人手的动作有关;右边的"巴"字是声符。这两个字形结合在一起,表示用手紧紧地抓住蛇头。

　　也有人认为,古代的"把"字很复杂,跟"父、斧、爸、爷"有关。甲骨文的"父"字是象形字兼指事字,字形像手持原始石斧,表示这是石斧。金文画出的石斧,更像,隶变后楷书写作"父"。这就是最初的"斧"字和"把"字。

　　"父"字的本义指"手持石斧",既表示斧子,也表示把持。石器时代,石斧是重要的生产工具,也是兵器,还是权力的象征,由团体中主事的长者执掌,所以"父"字引申对男性长辈的通称,比如"父亲"。又引申指对老人的尊称,对男人的称呼,还引申指从事某种行业的人,如渔父。由于"父"字后来语音变化,"父亲"的意思又另加声符"巴""多""耶",分别写作"爸""爹""爺(爷)",而将"父"字原来"把持"的意思分离出来,另造了个"把"字来表示。这样,就有了开头所说的用手紧紧抓住蛇头的那番解说。

　　"把"字的本义指"抓住、握住",如把持、把握、把舵、把脉、把玩、把稳等。

　　"把"字由本义引申指"看守",如把风、把关、把门、把守;由本义又引申指"有关用品的柄",如把柄、把手、车把、拖把;又引申指"长条形物体扎成的捆子",如草把;还假借指"结拜的关系",如:把兄弟;又假借指"量词",如一把刀、两把壶、三把米;还可作为约数,如百把人。

　　"把"字是个多音字,读"bà"时,指"器具上便于拿的部分",如刀把。

与蟒蛇过招——把

古人为什么用"巴"字作"把"字的声符呢?

远古时代,我国中原一带气候温和,水草丰富,所以毒蛇猛兽很多,特别是蛇,多得吓人。古人最害怕蛇,被毒蛇咬了,必死无疑。古时"蛇"字有好几种写法,都是象形字,例如"它、也、巴"。因为人们怕蛇咬,见面时头一句问候的话就是:"你碰到它了吗?"这里的"它"就是指"蛇"。所以后来就成了第三人称代词。在"它"左边加了个"虫"字就专门表示"蛇"。"巴"是一种巨头大蛇,也许就是我们今天看到的眼镜蛇、大蟒蛇。"蛇"字旁边一只手,表示握住蛇头。因为已有了"蛇"字,"巴"字也就别作他用了。但"巴"字有紧贴的意思,跟蛇爬行时紧贴地面有关。这就是"把"。

今年暑假,全校老师到张家界旅游。下山时,许多老师围在一起,租了一条大蟒蛇玩,大家轮流拍照留念。老校长劝我也玩一把,我吓得连连后退。老校长鼓励我:"怕什么呢?跟蟒蛇过一下招,下次就不怕了。许多女老师都敢玩呢。"

我是个怕蛇的人,看到电视上有蛇的镜头,就吓得立即闭上眼睛,马上换台。

受老校长鼓动,我从玩蛇人手中接过大蟒蛇,捏住蛇头的七寸处,然后将蛇身绕到脖子上,老师们拍照录像,为我呐喊助威。我一手抓住蛇尾,一手捏住蛇头,我手中微微地感觉到,我能把握住蛇的动向。它扭动身子的时候,我稍稍用力,它就老实了。渐渐地,我把这条大蟒蛇把持得稳稳的。其实,把住蛇头是关键,我像牢牢地握住了一根把柄似的,心中不慌了。所以,我觉得最要紧的是把握好自己的心态,消除恐蛇心理。

说到这儿,杨老师从手机里翻几张现场拍的照片让同学们看。金一鸣看罢,不客气地说:"杨老师,你手握蛇头,告诉我们是个'把'字。但把你吓成这样,真惨不忍睹啊!"

用网捉熊——罢

bà
罢

小篆

罷
隶书

罢
楷书

　　小篆的"罢"字本是个上下结构的会意字。字形跟如今的简体字大不一样。繁体的"罷"字上面是个"罒"字，这是"网"字的简省写法，指捕鸟捉兽的大网。下面是个"能"字。

　　"能"字在金文中是个象形字，字形像一只长嘴、大耳、巨身、短尾的大狗熊，本义指"熊类野兽"。因熊身体强壮耐寒有力而被看作有才干有能力者，"能"字就用作"才能""能干"之义，而后古人就在"能"字下面加四点表示四只脚，专指大狗熊。由此可见"能"字就是"熊"字的本字，是最早的"熊"字。

　　"网"字与"能"字组合，指"用网捉熊"之义。表示力大无比的熊几经折腾，最终被捉住了。

　　隶书的字形由小篆演变而来，写作"罷"，现简化为"罢"。"罢"字的本义指"以网捉熊"。"罢"字由本义引申指"停止"，如罢工、罢课、罢市、罢手、罢休、罢宴、也罢、作罢、欲罢不能、善罢甘休。

　　"罢"字由"停止"引申指"完了和完毕"，如罢了，吃罢饭；由此又引申指"免去，解除"，如罢官、罢免、罢职；免除官职和废除排斥称"罢黜（chù）"。

　　"罢"字是个多音字，读作"ba"时作助词用，放在句末，表示某种语气，如你来罢；好罢，我给你；这事儿你不会反对罢？

横目而去——罢

苏北盐城南门桥头有户人家，主人名叫王必成，在临街有几间门面房租给了胡汉文，租期十年。眼看到期了，王必成住的小屋失火，家当烧得精光。这事儿传到胡汉文耳朵里，他打起了坏主意，问王必成："必成呀，我们当初订的期限是十五年吧？"

王必成急了，回答道："白纸黑字写的是十年啊，看看你那份合同，真是十年呀！"

胡汉文两手一摊，说："我的合同在给你家救火时，大水浇到我家账房间，合同化成纸浆了！现在你我空口无凭，只能听天由命了。"

王必成问："此话怎讲？"

胡汉文道："这样吧，此事你我私了。我出个字谜让你猜，猜得出，再按这个字谜抓阄。"

王必成想了想说："你出谜吧！"

胡汉文道："一二三五六，横目而去。"

王必成善猜谜，尤其会猜字谜。他想一想便回答道："'罢'字。"

胡汉文点头说："对，那就以'罢了'两个字抓阄。你抓到'罢'字，这事就作罢，你就按十年算，我立即交房，决不含糊。"说罢匆匆回房间，用白纸写了两个字折叠好，让王必成抓一个。

王必成见胡汉文急急忙忙的样儿，便多了个心眼。他招来几个街坊邻居，向他们说了抓阄的缘由，也同意胡汉文的这个主张，只是请众人做证，若他抓到"罢"字，甘愿认输；若他抓到了"了"字，胡汉文立即交房。

胡汉文胸有成竹，一口答应，随即递上两个纸团。王必成毫不犹豫，抓起一个纸团，塞进嘴巴，咬得稀烂，然后吞进肚里。众人打开剩下的纸团，是个"罢"字。那就证明，王必成抓了"了"字吃下肚了。

胡汉文只得认输。

原来，王必成料定胡汉文会写两个"罢"字，这才急中生智，及时夺回房产。他当着众人的面，对胡汉文横目而视，扭头而去，回了他一个"罢"字。

张大嘴巴争吵——吧

ba
吧

小篆
隶书
楷书

在《说文解字》中未见"吧"字。

有人认为，"吧"字是个形声字兼会意字。左边的"口"字是形符，表示跟"口"有关；右边的"巴"字是声符，读"bā"，兼表意。两字组合指"口张得特别大"。

古人为什么用"巴"字作"吧"字的声符呢？因为古代的"巴"字是个象形字，其形状就像一条头很大的眼镜蛇。古时蛇特别多，人们深受其害，常常惊恐不安，遇到巨头蛇便张大嘴巴惊呼，或求救，或警告别人快躲开，所以"吧"字用"巴"作声符并表意。本义指"口张得特别大的样子"。

也有人认为，"吧"字本义指"小孩子生气争吵"。人们在争吵时常常是张大嘴巴，或是说理，或是怒骂。

这两种说法，本质都是一样的，其本义都是指"张大嘴巴"。

"吧"字是个多音字。读用"bā"时大多是象声词，如形容物体轻微撞击或液体滴落时"吧嗒吧嗒"的响声，形容脚掌拍打泥泞地面时"吧唧（jī）吧唧"声。

当"吧"字读轻音"ba"时，大多是用来表示语气。用在祈使句末，使语气变得较为舒缓平和，如咱们走吧。用在陈述句末，使语气变得不十分确定，如他是外地人吧？在讲话中，凡有疑问，表示假设、认可等语气，都可用读"吧"字的轻音来表达。

"吧"和"半"与"八"

汉字是形、音、义三者合一，缺一不可。三者中分不出何者重要，何者次之。分析起来，每个要素都很重要。

汉字中有许多音同、音近的字，凡此称为"谐音字"。人们用字的谐音制造了许多笑话故事，令人开心。但也因字的谐音造成许多哭笑不得的事，让人烦心。

按理说，"吧"字和"八"字同音，但和"半"字读音差不少，应该不会闹出什么误会，而无锡的吴先生，却因为这三个字，偏偏闹了场误会。

吴先生跟夫人分工。他一早去买菜买早点，夫人在家给孩子穿衣、整理家务。早晨这段时间，两人都是争分夺秒，火急火燎。

吴先生去菜场，卖肉摊的摊主问："买几斤？"吴先生答道："买一斤吧！"结果摊主给了他一斤半。吴先生只好买了，心里嘀咕：我明明只要一斤，他为什么给我一斤半？这是强卖啊。但又不想为这半斤肉跟人吵架，就气呼呼地回家了。结果，一斤半肉吃了三天才吃完。

下次买肉，吴先生换了个摊位。卖肉的问："买几斤？"

吴先生随口答道："买一斤吧！"

卖肉的一刀斩下去，包扎好递给他，说："喏，正好，一斤八两！"

吴先生听了，说："我只要一斤啊。"

卖肉的说："你明明说要一斤八啊。"

眼见两人要吵起来了，旁边一位老先生打圆场说："别吵别吵，你俩对话我全听到了。这位先生说买一斤吧，老板听成一斤八两。也罢，把这块肉分两块，我俩一人一半吧。"

吴先生这才恍然大悟，将肉递给老板，分了一半给热心的老先生。

吴先生拎了这将近一斤肉回家了，路过前几天买肉的那家店铺，心里不由得暗暗好笑：这老板看来是把"一斤吧"听成"一斤半"了啊。下次买菜，得一字一句把每个字说清楚，不能拖泥带水，引起误会。

一字一世界

bái

白

指甲盖的颜色 白

甲骨文和金文的"白"字是个象形字。它的字形就像是指甲盖的形状。在古代，人们整日在太阳底下劳动，双手的皮肤会变得粗糙黝黑，只有指甲盖的颜色与皮肤的颜色不一样，相比之下显得格外醒目。所以古人就称这种与黑相对的颜色为"白"。

也有人认为甲骨文和金文的"白"字像白色的米粒的形状，其本义也是指白色。至于有人说"白"字的形状像火焰，那就难以令人信服了。

"白"字现在常用的意思是"清楚、明白"，如明白、真相大白、不白之冤。

如果花很长时间在一件事情上，结果发现所做的一切都没有效果，称为白做了、白费力气。

"白"还有"没有加什么东西，空白的意思"，如白开水、一穷二白。"白痴"是对那些脑子里空白的人的贬称。

白吃、白给的"白"都是无代价、无报偿的意思。

戏剧或歌剧中除了唱词之外，还有用平常腔调说的语句，如道白、旁白、对白、独白等。

"白"也可以作为姓氏使用。

甲骨文

金文

白
小篆

白
隶书

白
楷书

西晋·宣帝

百字缺一为白

民国年间,江宁有位年过七旬的老翁,姓白,身体颇为硬朗。

一天,老翁外出游玩,遇到一位号称"小神仙"的江湖术士,他想试试这人水准如何,便在字卷上写自家的姓——"白"字,要"小神仙"帮自己推算推算年寿。

"小神仙"端详片刻,缓缓说道:"您有福啊,可以活到九十九。"

老翁道:"何以见得?"

"小神仙"答道:"'百'字缺'一',乃是'白'也,而百数减一便为九十九。"

老翁一听,乐得脸上都笑开了花。

黍米百粒为一尺

bǎi 百

甲骨文

金文

百
小篆

百
隶书

百
楷书

对"百"字的解释，有好几种说法。

有人认为，"百"字是个会意字。甲骨文写作" "字，上边是一把尺子，下面是粒子黍（shǔ），也就是"玉米"或称"棒子、包谷"，碾碎后叫"黄米"，表示摆下一尺长的黄米粒。金文承接甲骨文的字形，但略有变化，小篆使其整齐化，隶变后楷书写作"百"。

在远古时代，人们计算长度用米粒，称为"黍尺"，即把黍米百粒排起来，其长度就算一尺。所以"百"字的本义为"黍米一百粒"。今日人们用"米、厘米"来作长度单位，也源于此。

也有人认为，古代的"百"字是个会意字。甲骨文的"百"字像酒瓮的样子，指"古人借一瓮为一百"。金文的字形由甲骨文演变而来，基本相似。小篆的字形承接金文，楷体写作"百"。"百"字的本义指"十个十"。

综合比较，"百"字的本义还是"黍米一百粒"为妥。由"黍米一百粒"，引申为"十十之数"，十个十即为百，如百年、百分、百十、百万、百页、半百、百分比、百分制、百发百中。

"百"字由本义引申指概数很多，"所有的"，如百般、百出、百货、百姓、百川归海、百科全书、百闻不如一见、百感交集。

百岁宴上谈"百"字

马汉文是梁溪谜友会的会长。今日，他的学生小陶的爷爷过百岁生日，在聚丰园摆下十桌寿宴，安排马汉文坐主桌。

马汉文写了副寿联作贺礼。他再三声明，这是借花献佛，引用别人的创作。联曰：

> 人生不满公今满
> 世上难逢我辈逢

这寿联上没有一个字提他的岁数，但上下联又明明白白地表明了岁数。这副寿联用了歇后语的手法，把一句话后半段省略了。人们常感叹"人生不满百"，现在省了个"百"字，成"公今满"，可见老先生已百岁高寿。另一句为"世上难逢百岁人"，省去"百岁人"，改成"我独逢"，这句说的也是百岁。两句都含有赞颂百岁的意思，难怪众人喝彩了。在赞美声中，有人问道："可有横批？"

马汉文一下子愣住了："哎呀，写得匆忙，没考虑写横批啊。"立马有人找来笔墨纸张，要马汉文当场挥毫。能言善辩、才思敏捷的马汉文，一下子陷入僵局，不知如何下笔。他想写"玉皇顶"三字，暗藏个"百"字，又觉不妥。这时，坐在他身边的一位书生样的中年人说："马老师，斗胆提议，写'一生清白'如何？"

马汉文是制谜高手，一听这四个字，丢下笔，向这位邻座拱手作揖："谢四字师！"说罢，挥笔写下"一生清白"四个大字，并解释道："这位先生真是高才呀！这句话既说老寿星一生清白、光明磊落，另外，头尾'一'与'白'相合为'百'，贺百岁高寿，与上下联浑然一体。妙！妙！"

众人正喝彩，马汉文握着邻座的手问小陶："见到右邻觉陌生，这位是谁呀？"

小陶正要介绍，中年人忙说："马老师说的'右邻陌生'是个字谜，谜底还是'百'字，对吧？"

在一片欢笑声中，主人宣布开宴。

一字一世界

常绿乔木——柏树

甲骨文的"柏"字是个上下结构的象形字，到小篆时是个左右结构的形声字。

甲骨文和金文的字形，下面像一棵树的样子，上面像树的果实柏子。指一种常绿乔木，果实为球果。

小篆的字形由金文演变而来，成了一个左右结构的形声字。左边的"木"为形符，表示跟树木有关。右边的"白"字作声符，读"bái"。这两个字形组合在一起，本义指"常绿乔木柏树"。

"柏"字词组不多，作名词，主要指"柏树"。这是一种常绿乔木，叶子鳞片状，果实为球果。木材质地坚硬，可用来做建筑材料。

"柏油"，指焦油沥清，用来铺柏油马路。

当"柏"读"bó"时，指德国首都柏林。

当"柏"字读"bǎi"时，作姓氏用。

刘邦"柏"人镇脱险

在中国的民俗风情中，自古以来就有忌讳、避讳的风气。这主要表现在说话或书写的文字上。遇到该回避的，若无所顾忌，也许会遇到麻烦，说不定还会遭到杀身之祸哩。

据《史记·张耳陈余列传》记载，汉高祖八年，刘邦建立汉朝后，局势似乎不太稳定，有些地方势力蠢蠢欲动，还想从刘邦手中夺权。刘邦不敢大意，经常外出视察，一则了解民情，二则看看天下是否太平。

却说这日刘邦带了一队随从，从外地视察后，赶回京城。眼见日落西山，离京城尚远，而此时已人困马乏。众人继续向前，只见不远处人烟稠密，出现一集镇。刘邦打算就在这儿住宿，等到第二日再往前行。

众人策马，拐进一条大道，向集镇行去。忽然，刘邦吩咐马车停下，问身后的侍臣："等等，这是何人地界？"

侍臣答道："此处是赵王辖地。"

刘邦又问："此镇是何名称？"

侍臣回答："此镇自古名柏人"。

刘邦又问："县名为何？"

侍臣答道："县名也为柏人。"

刘邦听罢，嘴里喃喃自语："柏人，柏人者，迫于人也，此地不宜久留，速速赶回京城！"

说罢，众人掉转马头，返回大道，快马加鞭，绝尘而去。

据《史记》记载：当时赵王家臣贯高等人，已预料刘邦将路过，可能留宿柏人，已密布武士于馆舍墙壁中，准备劫持刘邦。不料刘邦一听"柏人"的"柏"字与"迫"字谐音（"柏"字也读"bó"），此字极不吉利，于是他下意识地警惕起来，下令继续赶路，这才逃过一劫。否则，大汉的历史，恐怕改写了。

一字一世界

手持棍棒敲打鼎——败

bài
败

甲骨文

金文

小篆

败 隶书

败 楷书

在金文里,"败"字的左边是个"鼎"的样子。右边像人的一只手,拿着棍子在敲打"鼎"。

我们知道,"鼎"是十分贵重的,用棒敲打,就表示毁坏、破坏。

后来的字体,把"鼎"字变成了两个"贝"字,又变成了一个"贝"字。

"贝"表示贵重,很值钱。用棒敲打,同样表示毁坏、破坏。由"毁坏"又引申出"衰落、残破、凋谢"等意思,这就有了"失败、破旧"的意思。功败垂成、身败名裂、败笔、败草、败家子这些词也就应运而生了。

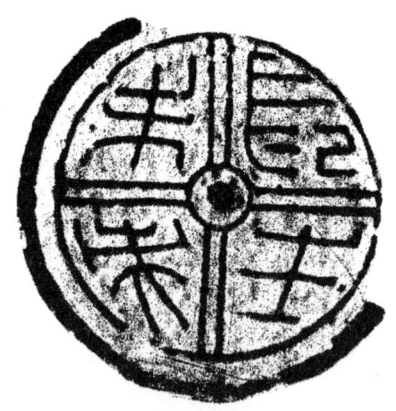

[瓦当欣赏]

秦汉瓦当

必"败"无疑

美国小伙子杰克在中国做生意,他对学汉字很感兴趣。

杰克学习了一年多汉字,觉得很难学。他对教他汉语的王老师说:"我做生意很成功,但对学汉字我承认失败了。"

王老师问:"失败在哪儿?"

杰克说:"字形搞不清。比如失败的'败'字和贩卖的'贩'字就常常分不清。"

王老师说:"这好办,你只要记住,'贝'字是贝壳,中国古代当货币用。你做生意,贩卖货物,跟金钱有关,所以左边是'贝'字。右边的'反'字是读音。而'败'字右边那个反'文'是古代的'又'字,像一只手在敲打贝壳。'败'字的本义就是毁坏,现在引申为败坏、失败。"

说到这儿,王老师意味深长地说:"像我这样的人,以教书为生,属于文人,只会读书写文章。如若让我经手一大笔钱去炒股呀,做生意呀,十之八九会亏本。为什么?文人经商,必败无疑啊。"

杰克听了,拍掌说道:"哈,你这句话,把'败'字的字形和字义说得更加生动啦。这下,我再也不会把'败'字和'贩'字搅混了。"

一字一世界

用刀分割玉——班

bān
班

班 金文
班 小篆
班 隶书
班 楷书

金文的"班"字是个对称结构的会意字。由"珏"字和"刀"字组成。

"珏"字读"jué",在甲骨文中是个会意字,表示两块相并列的玉。左边的"斜玉旁"表示玉,右边仍然是个"玉"字,这就是两玉并列,隶变后写作"珏",本义指"二玉相合"。

在这二玉相合的"珏"字当中有"一点一撇",这一点一撇指的就是一把大砍刀。意思指"用刀把合在一起的两块玉分割开"。

小篆的字形由金文演变而来。楷书的字形由小篆演变而来,写作"班"。

"班"字的本义指"用刀分玉"。"班"字由本义引申指"按时间分成的工作段落",如夜班、白班、日班、顶班、倒班、加班、换班、交班、接班、轮班、替班、下班、早班、值班、按部就班、当班等。

"班"字由上义引申指"按学习或工作需要编成的组织",如班组、班级、搭班、科班、插班、接班人等;由"按时间分成的工作段落"又引申指"定时开行的",如班次、班车、航班、班机等;还引申"指军队的编制",如一排三个班。"班"字还引申指"军队调动或调回",如班师回朝。

班字还作量词用,如这班人干活儿很卖力。

郑导游说"班"字

南京奇人郑可鉴，醉心于研究汉字，在一家旅游公司当导游。

这天，在开往黄山的大巴车上，有位中年汉子说："郑导，听说你会测解汉字，我想请教一个字，解释一件事。"

郑导问："什么事？问哪个字？"

这人指指身旁坐着的一位中年游客说："他姓王，我姓郁。我俩住同一条街，自上托儿所起，到进幼儿园，小学、初中、高中都在一个班。后来当兵也是一个班，复员回来在同一家工厂，在同一个班组……我就弄不懂，怎么就这么巧呢？这'班'字跟着我们一辈子，我们可从来没存心要在一个班呀……"

郑导指指游客名单上的"郁"字与"班"字说："郁先生，若是测字先生测'班'字，可就有话可说啰，有个字叫'珏'（jué），指两块玉合在一起的玉器。当中一撇一点是把刀，要把这珏分割开，这就是'班'。本义指用刀分玉。后来这个'班'字两边成了'王'。巧的是你姓'郁'，与'玉'同音，你跟王先生合在一起大刀也劈不开。这就是巧合，测字先生可借此大做文章了啰。"

王先生站起来强烈要求："你也做做文章看。"

郑导道："那就可以说成，这'班'字两边都是'王'字，二王相争，势均力敌。当中的字形好似'卜'字倒写，有前赴后继之气势……"

王先生反驳道："我俩是好朋友，从没争吵过。"

郑导故作疑惑道："你俩当兵同在一个班，评优秀提干什么的，就暗中没较量过？"

郁王二位听罢，相互看看，不吱声了。郑导自我解嘲道："莫当真，找个笑话嘛。这'班'字现在已没分玉的意思，'班'字本是个动词，现在变成单位名词了。这种词性转化多着呢。再说吧，'班'音同'般'，'一般'指'一样'，是同类就同班。大小不同，职业不同，地位不同，就不会同班……"

这时有人嘀咕了："郑导给我们上语文课啦？"

将木头剖开成木板

bǎn 板

金文 柙
小篆 版
隶书 板
楷书 板

  "板"字是个左右结构的形声兼会意字。左边的"木"字是形符，表示与树木或木料有关；右边的"反"字是声符，读"fǎn"，意思指将木料分割或剖成片状。

  古人为什么用"反"字作声符呢？因为"反"字是与"正"字相对的。将木料一分为二，彼此相对，所以"板"用"反"作声符并会意。

  "板"字的本义指"剖成片状的木头"，如板壁、墙板、板报、板凳、板桥、案板、画板、夹板、楼板、门板、平板、铺板、跳板、砧板。

  "板"字由本义引申指"成片的像木板的东西"，如板斧、板鸭、板刀、锉板、地板、钢板、滑板、甲板、石板、纸板、胶合板、玻璃板。

  "板"字由本义又引申指"演奏用的某些乐器"，如板胡、板鼓、竹板；又引申指音乐戏曲中的节拍，如板式、板眼、快板、慢板、一板一眼。

  "板"字由本义还引申指"不灵活，少变化"，如呆板、刻板、死板、板着脸、板板六十四。

  原来有个形声字"闆"，同音假借，简化为"板"，指商店的主人为"老板"。

王安石认输——板

宋代大政治家、文学家王安石，公务繁忙之余，除了吟诗作赋，还喜欢制谜。

这天，公事忙完，王安石踱到文书房，见五六个年轻的文书在互猜字谜。他们见王安石来了，连忙让座。王安石平易近人，对小伙子们说："我出的谜，你们没有猜得出的；你们出的谜，没有我猜不出的。"小伙子们听了这番绕口令的话，气得非要跟王安石打赌不可，输者请大家喝酒。王安石说："一言为定。"

王安石先出字谜："目字加两点，不作贝字猜；贝字欠两点，不作目字猜。"

也许是王安石糊涂了，这个字谜他早在酒桌上让人猜过了。有个小伙子故作沉思状，猛拍大腿说："一个是贺字，一个是资字。"

王安石大为惊讶，点头称是。这时一位小伙子上前一拱手，嬉皮笑脸地说："王大人，晚生仿照您老的格局，请问'木字加一撇，莫作禾字猜'，是个什么字？"

王安石不愧为猜谜高手，他手指在桌上画了几笔，暗自思忖：这与"目字加两点，贝字欠两点"相似，但又不完全相同。这"木"字加"一"和"丿"，不是个"朱"字吗？他答道："这有何难？是个'朱'字。"

众人佩服。眼看酒喝不成了，其中又一位小伙子嚷道："慢，还有哩。'木字又一撇，莫作禾字猜'，是个什么字？"

这下，可把王安石难住了。思考了半晌，仍然猜不出。出谜的小伙子指指门板说："'木'字加'又''一'和'丿'是个'板'字。"

王安石不服，说"反"字上那一小撇不能算"一"字。但字谜中常以形似即可，哪有很逼真的呢？王安石只好认输，掏出银子，请大家喝酒。

一字一世界

全力去处理事情——办

bàn 办

辦 小篆

辦 隶书

办 楷书

　　小篆的"办"字原先写作"辦",这是个对称结构的形声字兼会意字。当中的"力"字作形符,表示跟"用力、尽力、全力"等意有关。

　　"辦"字两侧合而为一的"辡"字读"biàn",作声符并会意。

　　"力"字与"辡"字组合,指"全力去处理事情"。

　　因是指全力去处理事情,这跟用力气、花精力有关,所以古人用"力"字作"辦"字的形符。

　　古人为什么用"辡"字作"辦"字的声符呢?

　　小篆的"辡"字由两个"辛"字组成。"辛"字指刑刀,在罪人额头刺字,故引申指"罪"或"罪人"。两"辛"并列指两名罪人相互争辩,又有"辨认"和"治理"之意。官员治理就是办很多事,这就有"全力去处理之意"。再说两名罪犯相互争辩,也有"极力为自己解脱罪责,以求生存"之意,这与"全力以赴地处理好事情"是一致的,所以古人用"辡"字作"辦"字的声符。

　　楷书的字形由小篆演变而来,写作"辦",后简化为"办"。

　　"办"字的本义指"办理、处理",如办理案件称"办案",处理公事称"办公",处理事务称"办理",做事称"办事",处理事情或解决问题的方法称"办法",还有包办、代办、主办、难办、照办等词。"办"字由本义引申指"采购、置备",如采购也称"采办",购置也称"置办"。"办"字由"采购"引申指"经营、创设",如买办、创办、开办、民办、官办、办学、举办等词。"办"字由本义又引申指"处罚、惩治",如法办、究办、惩办、严办。严厉地惩治称"重办",逮捕法办称"拿办"。

76

解字赠外甥——办

无锡梁溪谜语研究会会长马汉文有个外甥,凭实干苦干,当了个局长。如今奉调西部地区当厅级干部,前途无可限量。临行前他向舅舅告别。

马汉文将外甥让进书房,关上门说:"有些话我俩要密谈才好。"

说着,马汉文拿起桌上用毛笔写的几幅纸条说:"用时下的套话说,你是青云直上,官运亨通哇。'官'字留到最后说。先说'运'字。你运气好,碰上这个好时代。你从底层做起,直到厅官,这也叫'平步青云'。简体字'运'简得有道理,'运'字好似在云中走。云在高处。人在高处有风险,一个不当心就会掉落下来。这全凭自己掌握,要凭良心做事,多做好事,多为百姓做事。说句不好听的,万一有个闪失做错了事,下面会有很多人托住你,不让你受伤,这就是'积德'。贪官就贪在'缺德'"。

外甥点头称是。马汉文接着取出"办实事"三个字说:"为官一任,造福一方,你在官位上一定要办实事。'办'的繁体字写作'辦',左右两边各是一个'辛'字,当中一个'力'字。古人造字总有他的用意的。两边的'辛'字表示做事花费了两倍的辛苦,当中一个'力'字代表'一功'。用两倍的辛苦才得一个功劳或一个成功。这就提醒你,凡事要多出力,多辛苦,不要指望坐在办公室里就能建功立业办成大事。所以'辦'字是要为官者多辛苦,多出力。"

外甥听得入神,问:"简体字'办'字呢?"

马汉文笑道:"简体字的'办'字已没有繁体字'辦'的内涵了。民间戏说可把'办'字左右两点看作是办事要多动脑筋,点子多,可事半功倍,少出力气。也有人说要办成一件事必须请客送礼,上下左右都得打点……这就是歪门邪道了。你要记住,'办',除了有办事之意,有办法之意,还有法办、惩办之意。就像'官'字,本指高高在上,管理众人、掌握权力法律的人,一旦犯法,必受惩罚,弄不好锒铛入狱,戴上手铐脚镣。不是吗?你看'官'字下面两个'口'字形,就跟手铐相似……"

一字一世界

把牛分成两半

bàn
半

金文
小篆
隶书
楷书

　　金文和小篆的"半"字，它们的形状基本一样，上面是"八"字，下面是"牛"字。这是个会意字。

　　我们已经知道，"八"字是由两条相背、分开的曲线构成的，它的本义是"分"和"分开"的意思。下面是"牛"，这就是说要把"牛"从当中分开，各为一半。

　　"牛是农家宝"，数千年前的远古时代，牛更加宝贵。因为牛是大物，是一个家庭的主要财产，若要平均分配，只有将牛分开。

　　如若撇开分割财产不谈，在没有产生货币前，人们商品交换，往往是以物换物，除了农产品，恐怕主要以牛羊为交换物品了。"羊"体积小，可单只交换，而牛体积大，只能化整为零，分成几块作交换品。从金文和小篆的字形看，这"八"字高高地架在牛头之上，显然是要从牛头的中间开始一分为二的。

　　"半"的本义是将牛平均分成两份，各占一半。它常和量词连用，没有整数时，用在量词前，如半尺、半斤、半价；有整数时，用在量词后，如一年半载。

　　由于"半"是从牛头中间分割开的，所以"半"又有"在这中间"的意思，如半夜、半山腰、半路上；"半"只占一半，所以又引申为"不完全、不完整"，如半成品、半壁江山。

　　又由于"半"不完全，缺少一半，所以又比喻很少，如一星半点。

本末倒置——半

老吴和老陈是淮安谜语协会的会员,用他俩的话说,还是资深会员呢。

此话一点也不假,这两位退休老人,不仅积极参加谜语协会的组织工作,还扶持后人,著书立说,写了不少有关谜语知识的文章在报刊发表,最近,还有一本专著出版呢。

专著出版后,谜语协会的成员人手一本。老吴和老陈捧着散发着油墨芳香的书,乐得眉开眼笑。老吴说:"老陈,这本书,你是执笔者,我只是提供些资料。你把我的名字跟你放在一起,实在不敢当。出版社给稿费,我可分文不取,就当我友情支持!"

老陈生气地说:"这叫什么话!材料是你提供的,我只是动动笔杆子,你可不能本末倒置!"说到这儿,老陈愣了一下,又改口说:"对,我们就来个本末倒置吧!"

老吴说:"怎么,你出谜语让我猜?"

老陈说:"对,本末倒置,猜一个字。咱俩就照这个字办!"

老吴想了一想,心里说:好个陈老头,这本末倒置,主要讲的是"末"字倒过来,"末"字倒过来不是个"半"字吗?你是说稿费一人一半呀。

一点不假,老陈正是这个意思。

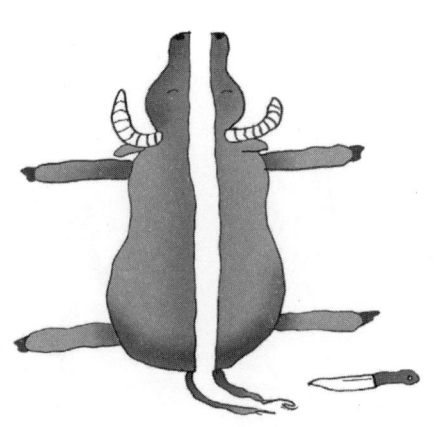

一人是陪伴

bàn
伴

甲骨文
金文
小篆
隶书
楷书

楷书的"伴"字是形声字。"半"是读音，单人旁表义。

甲骨文和金文的"伴"字，是两个人并立的形状。可见"伴"不是一个人，而是两个人。

两个人在一起，就是有个伴儿，所以"伴"字的本义就是同伴的意思，如搭个伴儿、结伴同行。

两个人在一起，其中有一个人是陪同，所以"伴"字又有"陪伴"的意思，如伴娘、伴舞、伴游；有时也指物，如伴音、伴奏。

元·鲜于枢《三希堂法帖》

元·赵子昂《三希堂法帖》

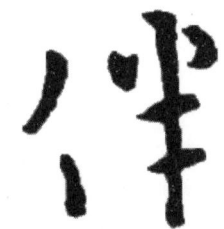

张芝《芝白帖》

一人一半才是伴

关于"伴"字,有这么一段小故事。

有一对老夫妻,相亲相爱生活了几十年。

这天,是两人金婚纪念日,子女们都来祝贺。老先生当着孩子们的面,切了一个苹果,自己留一半,另一半递给妻子。老太太也笑呵呵地剥了一个橘子,一半给丈夫,一半留给自己。孩子们看了,说:"您二老真是相敬如宾,连苹果、橘子都要一分为二呀。"

老先生听了,笑着说:"这一人一半,才是个'伴'哪,这么多年如果没有这一人一半,我们又怎能相伴到今天呢!"

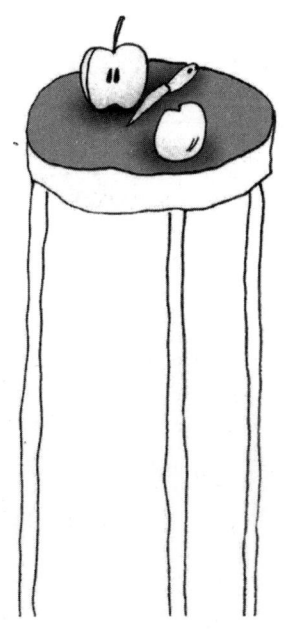

捆绑马足的绳子——绊

小篆的"绊"字是个左右结构的形声字兼会意字。左边的"绞丝旁"作形符,表示跟丝线或绳索之类有关。"绊"字右边的"半"字读"bàn",作声符并会意。

"半"字与"丝"字组合,指捆绑马前后四蹄的绳子。因这跟绳索有关,所以古人用"丝"字作"绊"字的形符。

古人为什么用"半"字作"绊"字的声符呢?

金文和小篆的"半"字是个会意字。由"八"字和"牛"字组成,"八"有分的意思,表示"将牛从中间一剖为二",故本义指"将牛从当中分开"。因牛是大物,分为一半也不算小。牛由完整的一个分成两个,有分别之意。而用绳索捆绑马足,是将前后足分开来捆绑的,这也有"分别"之义,所以古人用"半"字作"绊"字的声符并会意。

楷书的字形由小篆演变而来,写作"絆",后简化为"绊"。

"绊"字的本义"系在牲口腿上、使不能快跑的短绳",如称"绊子";也指摔跤的一种招数,使对方跌倒。"绊"字由本义引申指"挡住或缠住,使其跌倒或行走不方便",如绊倒、绊脚;妨碍别人做事称"绊手绊脚";设在暗处、用来绊倒对方人马的绳索称"绊马索";比喻阻碍前进的人或事物称"绊脚石";比喻受到束缚,才干不能施展称"绊骥(jì)";束缚、缠住脱不了身称"羁(jī)绊"。

"绊"和"羁绊"

距今两千多年前的东汉时期,有位史学家名叫班彪,他觉得,司马迁的《史记》只写到汉武帝,不够完整,于是他就续写后传六十五篇,这为他的儿子班固写成《汉书》打下了基础。

班彪在写史书的过程中,得到堂兄班嗣(sì)的不少帮助。这两人年龄相仿,从小在一起求学,成年后常在一起切磋学业,十分投机。两人学的是儒家学说,但对老子、庄子的学说也感兴趣。他俩常在一起讨论,学识逐渐渊博。

班嗣家藏书丰富,常有学者来借书或拜访,并向他和班彪求教。其中有位名叫桓谭的学者,他几乎读遍了当时他所能得到的古籍。此人还精通音乐,对老子、庄子的学说也有研究。他听说班嗣家藏书丰富,特地派人送封信来,向他借书。但班嗣不愿借书,给他回了封信。

信中写道:今吾子已贯仁谊之羁绊,系名声之缰(jiāng)锁。

这封信的内容是:庄子主张顺其自然,保持自身清白,不在乎名与利,也不想被世俗礼仪所俘虏。而你桓谭已用仁谊将自己捆绑住,用名和利将自己紧紧锁住了。你既然信奉孔子儒家学说,要走颜渊等人的道路,对他们的学说崇拜得五体投地,如何必又用老子、庄子的学说来装扮自己,在他人面前炫耀呢?这封信,显然是对桓谭的治学方向有所不满,对他借书表示拒绝。

班嗣这封信中用的"羁绊"一词,被后人广为使用。"羁",是马的笼头;"绊",指绊索。"羁绊"本是控制马的两种用具,后引申为束缚、被阻挡的意思。

若就班嗣这封信来看,似有偏激不当之处。桓谭也是位大学者,时任朝廷高官。他曾因反对谶纬(chèn wěi)神学这一套巫师骗人的把戏,几乎被杀。他曾提出"以烛火喻形神"之论点,断言精神不能离开物质而存在,就像烛光不能离开烛体一样。这些观点表明他跟庄子的思想很接近,他有何过错呢?你班嗣不愿借书也就罢了,何必扣人家帽子,说一大堆有损人格的话呢?

古代诸侯封国——邦

甲骨文的"邦"写作""字是个上下结构的形声字兼会意字。下面是"田"字作形符,表示跟田地土地有关。上面是""作声符并表意,读"fēng"。

这两个字形组合在一起,表示"诸侯的封国"。因每个封国都有地界隔开,封国之间的界限都有田地围绕,边界上种着不少树,就像现在许多农村人家以树为界一样。所以"邦"字以"田"作形符。

古人为什么用"丰"字作"邦"字的声符呢?因为"丰"字像生长茂盛的植物。金文的字形由甲骨文演变而来,但把"田"字变成了"邑(yì)"字。因"邑"有指"人们聚居的城镇"的意思。这样"邦"字就成了"邑"字与"丰"字组合的形声字兼会意字。"邑"字作偏旁时写作"阝",俗称右耳刀或双耳刀。小篆的字形由金文演变而来,楷书由小篆演变而来,这便是今日的"邦"字。

"邦"字的本义指"国家"。国与国之间的正式外交关系称"邦交",两个或两个以上的国家为了达到某些共同的利益和目的而组成的联合体称"邦联"。由若干具有国家性质的行政区域联合而成的统一国家,这个国家内各地区有自己的宪法、立法机构和政府,人们把这称"联邦"。有共同边界的国家称"邻邦",与一国友好的其他国家称"友邦",外国称"异邦",使国家平安稳定称"安邦"。

刘邦与"邦国"

在中国古代社会,盛行人名字的避讳。这种习俗,算作一种礼节,表示对帝王和长辈的尊重,但在书写和口头表达时,也带来麻烦,轻则显示自己傲慢无礼,对人不敬;重则会引来杀身之祸,所以人们说话写字,常战战兢兢,唯恐说错了话,写错了字。好在中国汉字多,有八万多个,足够人们去挑选的。但这也难为了先民们。

人们在长期实行避讳习俗的煎熬中,也有一点小小的收获:在汉字的词库里,新增了不少双音词。这些,都是因避讳而产生的。

大家都知道古代神话"嫦娥奔月"的故事。"嫦娥"这个名字,在汉代以前称"姮(héng)娥",到了汉文帝刘恒(héng)当皇帝时,因"姮"字读音与"恒"字同音,便将"恒"字改为"常"。"常"也有长久不变的意思,后加"女"旁称"嫦娥"。这个名字为后世所用,但在字典词书上,都会作一番解释,说明这个字的来历。

刘恒的祖宗刘邦是开国皇帝,称"汉高祖",他的名字中有个"邦"字,汉史中凡写到"邦"字,都改为"国"字。"邦"字本义指"诸侯封国",泛指国家。与"国"字同义,所以后来有了双音词"邦国"。

矫正弓弩的工具——榜

小篆的"榜"字写作"榜",是个左右结构的形声字兼会意字。左边的"木"字作形符,表示跟树木或木料有关。右边的"旁"字读"páng",作声符并会意。

"木"字与"旁"字组合,指一种矫正弓弩(nǔ)的工具。因指的是矫正弓弩的工具,这种工具是用木料制作的,所以古人用"木"字作"榜"字的形符。

古人为什么用"旁"字作"榜"字的声符呢?

甲骨文和金文的"榜"字,泛指"边上的""侧面的",属于"偏的""不正的"。还引申指"非主要的""非正式的"。在古代的弓弩中,"弩"比"弓"先进,它是用机械装制射箭的弓,只需扣动扳机,箭就会射出去。弓弩损坏或射不准时就需要修理,要将弓或弩绑在树木旁边或房子的侧面,用强力使其矫正。这种矫正的工具被称为"榜",矫正弓弩时,因总是放在侧面或边上,所以古人用"旁"字作"榜"字的声符并会意。

楷书的字形由小篆演变而来,写作"榜"。"榜"字右本义"矫正弓弩的工具"假借"指张贴出来的文告或名单",如发榜、金榜题名;吹嘘和夸耀称"标榜";贴出被录取被选取人的名单称"出榜";光荣榜也称"红榜";皇帝的文告是用黄纸写的称"黄榜";古代的文告也称"榜文";作为别人效仿的对像称"榜样"。

用"榜"贵人多

清朝末年,有位大臣叫李鸿章,传说李鸿章出任两江总督时,总督府设在武昌。他有位安徽同乡叫舒铁香,是安徽安庆人,与李鸿章同时参加殿试,同榜高中进士。舒铁香没做官,他因与李鸿章同过榜,以此为荣。当李鸿章住武昌时,他去拜访,想叙叙别后友情。李鸿章因公务繁忙,没有接见。后来舒铁香又去过几次,守门官总是说总督公务忙,下次再来吧!为此,舒铁香很生气,没有再去自讨没趣。

这年春日,舒铁香到黄鹤楼游览,见粉墙上留有不少游客写的对联和诗词,他有感而发,也写下一副对联:

> 同榜贵人多,饶他稳坐青牛,懒向人间读道德;
> 相逢知己少,愧我重登黄鹤,难从天上觅神仙。

这副对联,有感叹人情淡薄,贵人寡义,不讲交情的意思。

上联的"同榜贵人多",指他曾与李鸿章同榜登第,中了进士,如今李鸿章成了贵人,难以求见,颇有点发牢骚意味。"稳坐青牛",指春秋末年的思想家,道家的创始者老子。老子曾隐居于沛,即今日江苏沛县,躬耕授徒,讲道论德。他晚年骑青牛过函谷关时,曾应守关官员请求,留下《道德经》一书。下联引用此事,表示他已无意谈论道德之类的话题了,流露出他对李鸿章慢待故人的不满。

下联与上联对仗工整。哀叹相逢知己少,重登黄鹤楼也是白跑一趟,仙人已乘黄鹤飞去,只见长江滚滚东流水。这也是哀叹人情薄如纸,知己难求。

有人将此联当作名联刻在木板上,挂在楼内醒目之处。

不少人看到这副对联,都知道写的是李鸿章。李鸿章一听,十分焦急,怕坏了自己的名声,便找出另外几位同榜者与舒铁香求情,愿出重金,并许以高官,让他将对联摘下。舒铁香提出,一不要官,二不要金,只要李鸿章赔礼罚酒。

李鸿章只得照办,但此事还是流传至今。

bàng

棒

用木头制成的棍棒

古代的"棒"字,是个左右结构的形声字兼会意字。左边的"木字旁"是形符,表示跟树木、木头有关;右边的"奉"字是声符,读fèng。这两个字形合在一起,指用木头制成的棍子。

古人为什么用"奉"字作"棒"字的声符呢?因为"奉"字有"双手捧着"的意思。而人使用棍子,都有手拿或双手握着,所以古人以"奉"字作"棒"字的声符并会意。

"棒"字的本义指"棍子",如木棒,洗衣服时用来捶打的木棒称"棒槌",也称"洗衣棒";粘在小棍上的糖果称"棒棒糖";玉米也称"棒子";夏天吃的冰棍儿也叫"冰棒"或"棒冰";人们用的手电筒呈长圆形,像小棍子,也称"电棒";还有棍棒、铁棒都是这个意思。

因为"棒子"结实,使用起来很有力量,所以由本义引申指"体力强、能力高、成绩好",如结实有力称"硬棒",身体强壮称"棒小伙子",字或文章写得好被夸为"写得真棒"。

榛 小篆

棒 隶书

棒 楷书

[瓦当欣赏]

秦汉画像瓦当

"捧杀"与"棒杀"

江南京剧团有位青年武生演员名叫宋小飞，艺名小宋飞，出身演员世家。他演武生，且有武功，尤演张飞最传神，有"活张飞"之称。他的演艺风格，继承了祖父的传统，为广大观众所喜爱，许多观众花钱进剧场看京戏，都是冲着他来的。这样，他成了剧团的台柱子，成了票房的财源，成了剧团百十号人的经济依靠。

小宋飞成了众星捧月的偶像。

如若从上到下，有人监督，有人引导，有人教育，小宋飞也许能成为艺术家或一代宗师。但人们一窝风地吹捧他、依附他、让着他，甚至纵容他，给他各种头衔、多种荣誉，吹捧的文字铺天盖地，大多是溢美之词，最后使他年纪轻轻，就走上了不归路。故事情节虽复杂，但说来也简单：他跟一位女演员有了婚外情。当女方的丈夫来找他论理时，他还振振有词。两人扭打时他竟一脚踹（chuài）倒椅子，抢起折断的椅子腿，将对方击倒。当对方讨饶时，他竟丧心病狂猛击数棍，将对方砸得血肉模糊，当场死亡。案发后，法院以手段极端"残忍"等判词，将他判处死刑。

此案在全城引起轰动。街谈巷议，人们唏嘘不已。不少有识之士在网上和报端发表评论：小宋飞棒杀别人，他自己呢？是被捧杀的。

"棒"与"捧"，只是一笔之差。"棒"是木字旁，"捧"是提手旁。对一个人捧过头了，就跟用棒将他棒杀一样。

人们不难发现，"棒"字音同"榜"，"榜"就是"榜样"。"榜"字的本义指"纠正弓弩的工具"，所以才称为"榜样"。"棒"与"榜"同音，所以"棒"有"好、优秀"的意思。但优秀的人也要不断约束自己，修正自己，这样才能称得上人们学习的榜样，才能被人们伸出大拇指夸奖"你真棒"，否则，就会被"捧杀"。

攻击诋毁他人——谤

bàng
谤

小篆的"谤"字写作"谤"是个左右结构的形声字兼会意字。左边的"言字旁"作形符，表示跟言语说话有关。

"谤"字右边的"旁"字读"páng"，作声符并会意。

"旁"字与"言"字组合，指用语言恶毒地攻击和诋毁他人。因是用语言诋毁他人，这同言语说话有关，所以古人用"言"字作"谤"的形符。

古人为什么用"旁"字作"谤"字的声符呢？

"旁"字指偏的、不正的意思，由此引申指"非主要的、非正式的"；还指"另外的、别的、心自有所存的"，也就是心怀鬼胎，另有目的的。综观这个"旁"字，它所表达的意思是：不正确的，不正经的，是不怀好意的，充满偏激和邪恶的。而"谤"字的意思是：所说的话都是诋毁别人，攻击别人，伤害别人的，所以古人用"旁"字作"谤"字的声符。

楷书的字形由小篆演变而来，写作"谤"，后简化为"谤"。

"谤"字的本义是"恶毒诋毁别人，攻击别人"。

公开指责别人的过失或议论别人的过失称"谤议"。无中生有，说人坏话，毁人名誉，诬蔑陷害称"诽谤"。这就是"恶意诽谤""诽谤中伤"。

诽谤人的信件或书籍称"谤书"。

谤 小篆

谤 隶书

谤 楷书

"诽谤木"与华表

华表是古代宫殿、陵墓等大型建筑物前面做装饰用的巨大石柱，柱身大多雕刻着龙凤等图案，上部横插着雕刻的石板。天安门前的一对华表，雄伟壮丽，使人看了有气势磅礴、庄严肃穆的感觉。华表柱头都有一个蹲兽，头朝宫外。而天安门后面还有一对华表，顶部也有一对蹲兽，但对着宫内。据说，华表顶端蹲兽的名字叫"性好望"。蹲兽头向内望，是希望帝王不要贪图享乐，待在宫里过纸醉金迷的生活，似乎在提醒帝王，快走出宫门，看看你的臣民吧，因而名为"望帝出"。头在外的蹲兽，是希望帝王不要迷恋外界的山水名胜，快点回来处理朝政吧，因而取名"望帝归"。华表耸立在宫门口，表达着规劝帝王的意思。

如此有气势又有良好愿望的华表，为什么跟"诽谤"二字有关呢？因为华表是由"诽谤木"发展而来的。

华表历史悠久，相传在尧舜时期就有了。那时，人们在交通要道口，竖一根木柱，让过往的人在木柱上刻写建议与要求，用当时的话说是写"谏言"，指向官府提意见，说规劝之类的话，这类木柱称"诽谤木"，或简称"谤木"，也叫"华表木"。由此可见，"诽谤"一词，在古代是指议论是非、指责过失的意思，并非指造谣中伤，恶意诬蔑，所以"诽谤木"类似于今日的意见箱、公告栏之类的摆设。

到了汉代，"华表木"就变成了交通要道的标志，因为从远处看去，这种标志就像美丽的花朵，所以称之为"华表"。在汉代，人们还在邮亭旁边竖立华表，让送信的人不致迷失方向。后来，华表的功能逐渐扩大，成为桥头或墓地的小型装饰建筑。在北宋大画家张择端画的《清明上河图》中，展现了汴梁虹桥两岸的繁华景象。细心的朋友可从中找到，在虹桥两端就有两对高大的华表，顶端伫立着白鹤，神态生动。卢沟桥两头也有四座华表。后来有些帝王陵墓前也建有华表。最著名的当数天安门前的华表。"望帝出"和"望帝归"的良苦用心，和尧舜时期"诽谤木"的初衷倒是一脉相承的。但"诽谤"二字的含义已是大相径庭了。

bāo

包

胎儿包在胎衣内

甲骨文的"包"字写作""字是个象形字,字形像一个孕妇肚子里怀着孩子(子)的形状,指胎儿被包裹着。金文承接甲骨文,字形像胎衣里裹着一个尚未成熟的孩子。

小篆的"包"字承接金文,改为从"勹",读"bāo",里面是"巳"字,读sì。"勹"字表示人有所包裹。"巳"字表示未成形的胎儿。"包",指胎胞之意。

隶变后的楷书写作"包",这个字是"胞"字的本字,是最早的"胞"字。

"包"字的本义指"胎胞",即胎衣。由"胎胞"这一本义引申指"把东西包裹起来",如包裹、捆扎称"包扎",绕到敌人后面或侧面进攻称"包抄",四面围住称"包围",包含、容纳称"包孕",把物品包装起来,打开包的东西称"打包",还有包饺子、包心菜、包围圈等词。

"包"字由本义引申指"裹起来的东西",如包裹、包袱、背包、棉包、沙包、邮包、衣包、心包、掉包等词;由"裹起来的东西",引申指"装东西的袋子",如挎包、皮包、钱包、书包、提包、旅行包。

"包"字由"裹起来的东西"又引申指"一种带馅的蒸熟的食品",如豆沙包、菜包、面包、肉包、包子等词;引申指"凸起的疙瘩",如脓包、蒙古包、小山包;由"包好的东西"又引申指"总括在一起,包容在内",如包括、包容、包含、包罗万象、无所不包;由"总括在一起"引申指"全面负责",如包办、包饭、包场、包干、包销、承包;又引申指"保证、担保",如包产、包赔、包修、包用;还引申指"掩盖、隐藏",如包庇、包藏。

甲骨文

金文

小篆

包
隶书

包
楷书

"包"和"草包"

"包"字作动词用，指用纸、布或其他薄片把东西裹起来，如包书、包饺子等。

"包"字也作名词用，指包好了的东西，如邮包、药包、草包等。

"包"字作名词用，可说出不少"包"的名称来，如行军或外出时背在背上的"背包"，随身携带装零钱或零星物品的"荷包"，有较长带子可挂在肩膀上背的"挎包"，供学生上学时装书籍文具的"书包"，装钱的"钱包"，有提把的"提包"，装公文的"公文包"，装沙的袋子称"沙包"，装草的袋子称"草包"。用稻草编成的袋子也叫"草包"，因用草编成包既简单又便宜，所以人们常用"草包"来比喻没有才干的人。

说到"草包"，还有个含义，恐怕现在知道的人已不多了。"草包"，也曾是一种非常残酷的刑罚。

明朝洪武年间，全国贪官污吏多如牛毛。朱元璋曾采取严厉的措施，惩治贪污。在刑罚上，竟然实行了惨不忍睹的剥皮酷刑。惩贪法令规定：凡州县长一级的官员，如犯有贪污罪，若情节严重，经查证属实，就用这剥皮的方式处死。据史料记载，罪犯的皮被剥下来后，里面填满细软的干草，再用针线像缝衣服一样缝好，恢复人的原样，然后将这"尸体"悬挂在衙署门口，或吊在城门口示众。

正德年间，有个名叫徐鹏举的大臣，时任南京守备，相当于城防司令。此人喜怒无常，凶狠暴戾，常虐待士兵，引起公愤，结果导致营房士兵哗变，士兵们提刀扛枪，包围了徐鹏举的住宅，一个个怒吼着"草包！草包！"，要捉拿徐鹏举将其剥皮。徐鹏举吓得从地道逃生，差点丧命。如若被抓，他可不是无能的"草包"司令，而是个剥了皮塞进细软干草的真正"草包"司令了。

花蕾裹在皮里——苞

bāo
苞

"苞"字是个上下结构的形声字。上面是个草字头，表明这个字与植物花草有关。下面的"包"字是它的读音。

"苞"字的本义是指"植物的花蕾或嫩芽"。

有学者认为，"苞"字中的"包"字，虽说是当作声旁用，但它在这里的作用远远不止如此。

在甲骨文中，"包"字是个象形字，它像一个即将出生的胎儿，正包裹在胎衣里。在汉字中，凡是以"包"字为声符的字，都有"内部包含什么东西"的意思，所以，"苞"就是指围绕在花蕾或嫩芽周围的小叶片，这些小叶片保护着嫩芽和花蕾，使它们不受伤害。我们常吃的玉米就是这样，它们被外面的皮一层又一层地包裹着，难怪人们将玉米称作"苞米"了。

与"苞"字组成的常用词语有苞蕾、含苞欲放。这里的"苞"，就是指花蕾。

金文

小篆

苞 隶书

苞 楷书

《隶辨》　　唐·褚遂良　　宋·米芾

个个草包——苞

乾隆皇帝手下有个大臣，名叫和珅。和珅建了一座亭子，邀请大学者纪晓岚题写横匾。

纪晓岚二话没说，当场答应，提笔写了两个苍劲有力的大字——"竹苞"。和珅问这是什么意思，纪晓岚回答说是取"竹苞翠茂"之意。和珅的脸顿时笑开了花，心想，这分明是说我在仕途上永盛不衰呀，好！

过了没多久，乾隆皇帝来探访，他看到亭子上这两个字，突然哈哈大笑，问是何人题的。

和珅不明白皇上笑什么，回答说是纪晓岚。乾隆边笑边说："'苞'字拆开是'草'和'包'，加上前面的'竹'字，他是在骂你全家'个个草包'呀！"

和珅听了，张口结舌，哭笑不得。

bǎo
饱

肚子吃得鼓鼓的——饱

小篆的"饱"字是个左右结构的形声字兼会意字。左边的"食字旁"作形符,表示跟饮食粮食有关。"饱"字右边的"包"字读"bāo",作声符并会意。

"食"字与"包"字组合,指人吃得肚子鼓鼓的像十月怀胎似的。因指的是吃得肚子鼓鼓的,这跟饮食有关,所以古人用"食"字作"饱"字的形符。

古人为什么用"包"字作"饱"字的声符呢?

甲骨文和小篆的"包"字都是形声字兼会意字。表示未成形的胎儿有所包裹。本义指"胎胞",这是"胞"字的本字,最早的"胞"字。因此,"包"字有孕妇之义,字形也像人怀胎的样子。而肚子吃得鼓鼓的,也像怀胎似的,故古人用"包"字作"饱"字的声符。

还有人认为,"包"字有"包下来""保证有"的意思,没有充足的食物,怎能吃得如此饱呢?

也有人认为,包有"包容"之义,吃得如此"饱",是大肚包容所致。

楷书的字形由小篆演变而来,写作"飽",现简化为"饱"。

吃足了容易打"饱嗝(gé)",尽量吃称"饱餐",吃得饱称"温饱",吃得过多而肚子发胀称"饱胀"。"饱食终日,无所事事",指吃饱了不干事。"饱"字由本义引申指"丰满",跟"瘪"相对,如饱满;"饱"字由本义又引申指"充分、充满",如饱受、饱和、饱雨、饱览、饱读、饱经沧桑、饱经风霜等词语;由本义还引申指"满足",如大饱眼福。

小 篆

飽
隶 书

饱
楷 书

"饱"和"中饱"

"饱"字是个形容词,指满足了食量,跟"饿"字相对,如:酒足饭饱。

"饱"字也指饱满、充分、满足。在与"饱"字组合的词中有个词叫"中饱",它是"饱"字的一个重要义项,说来有段故事。

远在春秋时期,有位诸侯名叫赵简主。他的领地很广,土地也很肥沃。赵简主为人也较宽厚,不是那种残暴凶狠的人。他的领地虽广,人口也不少,但他的税收却很少,以至国库空空的,难以维持。

这天,他手下一位负责税收的官员,向他汇报税收额度的事。赵简主指示道:"税收之事,易不轻不重为好。税太重,只有利于各地官府;而税太轻,只利于下层百姓。只有不轻不重,才对官府与百姓双方都有利,但要做到这点,各地收税的官员,切不可谋私利啊。"

这时,赵简主的一位幕僚名叫薄疑,他忍不住地说了句:"君之国中饱!"

这句话的意思是:您领地里的一些官员,已经吃得饱饱的啦。

赵简主听了,一时没反应过来,以为薄疑夸他治国有方哩。他随口问道:"此话怎讲?"

薄疑对实情了如指掌。他很认真严肃地对赵简主说:"府库空虚于上,百姓贫饿于下,然而奸吏富矣。"

这话的意思是:上边的官府空空如也,下面的百姓饥寒交迫,税收所得,全被你手下的官吏贪污了,他们一个个吃得饱饱的啊。

赵简主听了,如梦初醒,大为吃惊,急得连连跺脚,但为时晚矣。

薄疑说的"君之国中饱"这句话,其中"中饱"一词后来广为传。这句话指凡是公款公物,对上不交给国家,对下不惠及百姓,而悉数被中间经手的官员所贪污,这就是"中饱"。现在对"中饱"一词的解释是:凡经手钱财,以欺诈手段从中牟利称为"中饱",后来又引申出"中饱私囊"和"贪污中饱"等成语。

藏在家里的宝贵物品

bǎo
宝

甲骨文

金文

寶
小篆

寶
隶书

宝
楷书

甲骨文的"宝"字是个上下结构的会意字。它由上面的宝盖头"宀"，和下面的"贝"字及中间的"王"字也就是"玉"字组成。宝盖头表示在房子里，也就是在家里。"王"和"贝"表示最珍贵的东西，这些东西必须藏在家里，藏在家里的东西必定是最珍贵的。所以"宝"字的本义指"珍贵的东西"。

金文的"宝"字跟甲骨文的"宝"字有所不同。它在"王"字旁边增加了个"缶（fǒu）"字，这是古代的一种瓦器，也有的是用铜制作的。这种瓦器是用来盛水或盛物品的，在这儿表示声符。这个字便成了形声字兼会意字，隶变后楷体写作"寶"。其中的"缶"既表声，也表意，因为"缶"可存放贵重物品，后简化为"宝"。

简体字"宝"是个会意字，表示家中有玉。本义也是指"珍贵的东西"，如宝贝、宝物、宝库、宝藏、财宝、国宝、献宝、珠宝、元宝、瑰宝、至宝、压宝、红宝石、传家宝、聚宝盆、蓝宝石、奇珍异宝、如获至宝。

"宝"字由本义引申指"珍贵的"，如宝刀、宝货、宝典、宝剑、宝石、宝卷、法宝、无价之宝；又引申指"敬词"，如宝地、宝号、墨宝。

丹心爱心献中国——宝

宝庆楼金店要举办开业百年庆典。庆典特设三个大奖，奖励猜中谜语的客户和员工。总经理私下找梁溪谜语研究会会长马汉文商量，请他设计几个有难度的字谜，把"宝"字放在里面，只有猜中这几个"宝"字谜才能获大奖。

老马受命，将周其良、小陶等人召到家里拟定谜面。考虑到参加活动的大多是年轻人，对繁体字"寶"字不熟悉，所以只制作简体字谜语。

周其良想了想，说："'宝'字上有'家'字头，下有'国'字里的'玉'，设谜为'有国有家'怎样？"

老马说："可以考虑，只是简单了些。"

小陶说："既然这样说，设成'献上一点爱国心'怎样？'献上爱国心'，指的是'爱'与'国'字的中心。'爱'字中心为'冖'，国家中心为'玉'，加上一点就是'宝'字。"

老马摇摇头："'一点爱国心'，说话不对吧？"

大家沉默了好一会儿，赵纪方说："用离合法，拟个'丹心爱心献中国'怎样？'丹'字中心为'丶'，'爱'字中心为'冖'、'国'字中间为'玉'。'丶'与'冖'和'玉'组合成'宝'。"

老马说："我们思路再开阔些。"

小陶说："'安全上下靠边点'，怎样？'安'字上为宝盖头，'全'字下为'王'字，再加边上一点，这就是'宝'字。"

老马说："意思有了，说话不对啊。安全第一，怎能靠边？不安全，金店被偷可不得了啊。"

众人笑了。一直没吱声的王林生开口了："改成'上下保安全，靠右走一点'怎样？'宝'字中的一点放在右边，走路要靠右，跟遵守交通规则挂钩，有思想性。"

老马说："好虽好，但跟宝庆楼关系不大，你这个留待宣传交通规则再用。我看不如改成'上下保安全，一点不放松'，提醒店家注意安全。"

大家认为这样一改，既增加了难度，又跟宝庆楼相关，便定下了。

大人回臂保护背上幼儿

bǎo
保

甲骨文

金文

小篆

保 隶书

保 楷书

甲骨文和小篆的"保"字都是象形字,字形就像一个成年人面孔朝着左手,向后搂背着一个幼儿的样子,表示父亲或母亲,回臂保护背上的孩子。

"保"字的本义指"抚养、护卫",如保卫、保护、保健、保安、保驾、保养、保佑、保障、保育、保重、劳保、朝不保夕。

"保"字由本义又引申指"保持,使其不丧失",如保温、保鲜、保留、保守、确保、明哲保身。

"保"字由本义又引申指"保证、担保",如保单、保管、保举、保媒、保人、保释、保险、具保、铺保、取保。

"保"字,也指旧时户籍的编制单位,如保甲制、保长、伪保长。

"保"字也作姓氏用。

[瓦当欣赏]

秦汉画像瓦当

呆人作"保"人

南京有条湖南路，湖南路上商铺林立，人来车往，一片繁华景象。

退休老编辑华先生，家住湖南路永丰大厦二楼，近日他发现，楼下老胡家的门面房又换了店主，原来的服装店换了家古旧书店，这倒很对老华的胃口，他时不时到书店转转，这样，就跟书店老板认识了。老板姓林，东北人，为人豪爽，也很健谈。时间久了，两人常在一起喝酒聊天，就这样成了朋友。

湖南路门面房的租金很贵，一年起码十二万元。受世界金融危机影响，湖南路商家的生意也不如往年。房东老胡要跟林老板续签租房协议，并要求预付半年租金。林老板说眼下手头紧，等下半年七月份，将全年租金一并付清。

老胡是个仔细人，向来不见兔子不撒鹰。他见林老板不付定金，便不愿租房。后来，林老板请出老华作担保人，这样才把协议签下来。上面写明，如若林某不付租金，每月一万元租金由担保人华先生垫付。三人签字画押，公证后开始生效。

几个月过去了，华先生见楼下书店没开门。从门缝里看进去，只见林老板跟几个伙计在打包装书。华先生暗暗吃惊，敲门进去细问。林老板说，这些书销不出去，要退回出版社另换新书。对此，华先生也没放在心上。

几天后，林老板不见了踪影，欠下五万元房租，转到了担保人头上。华先生与老胡相识，但交情不深。再说，老胡是个锱铢必较的角色。他一纸诉状，将华先生告上了法庭，要他支付五万元房租。

华先生望着法院传票和那份担保协议，不由感慨万千。唉，编了一辈子书，写了一辈子字，今日方才真正识得这"担保"的"保"字。老祖宗真英明呀，造字时，以"呆""人"为"保"，说来说去，只有呆子才会去当保人啊。

像雁不善飞的鸟——鸨

bǎo
鸨

鸨 小篆

鸨 隶书

鸨 楷书

"鸨"字是个左右结构的形声字兼会意字。右边的"鸟"字是形符，表示跟鸟类有关。"鸨"字左边的"乍"字读"bǎo"，作声符并会意。

"鸟"字与"乍"字组合，指一种像雁的大鸟，因指的是大鸟，当属鸟类，所以古人用"鸟"字作"鸨"字的形符。

古人为什么用"乍"字作"鸨"字的声符呢？

"鸨"这一鸟名，名声不好，古人将它与淫荡、作风不好联系在一起。旧时将开设妓院的女人称"鸨母""老鸨"。这一字义，恐怕跟"鸨"字的声符有关。

"乍"字在小篆中是个会意字。上面的"匕"字读"bǐ"，它与七不同。在甲骨文中，"匕"是象形字，字形像一个跪拜的柔顺妇女的形象，本义指有配偶的妇女，后来成为雌性的标志，如"牝"，指母的。后来"匕"字作"匕首"用。有人认为，"匕"作妇女标志，下面的"十"字表示数目大，指"鸨"鸟好交配。甚至古人认为鸨鸟都是雌鸟，无雄鸟，跟其他种类的雄鸟交配，所以将淫荡之名加在鸨身上，这才用"乍"字作"鸨"字的声符并会意。

其实"乍"字中的"匕"表示"比并"。古代五家为比，故从"匕"。二五为十，十家为一保，所以"乍"是保甲之"保"的本字，跟"鸨鸟""作风不好"不搭界。

隶变后的楷书写作"鴇"，后简化为"鸨"。鸨比雁略大，头小、颈长、背部平、尾巴短，善跑不善飞，能涉水，常成群生活在草原地带，是国家重点保护动物。

老"鸨"本是益鸟

一看到"鸨"字，有些人就会皱起眉头，认为这是不洁之词，少儿不宜，难登大雅，不必多谈。其实，千百年来，人们错看了"老鸨"，给它戴上了不光彩的帽子，它受尽屈辱，却又无处申冤。

若撇开妄加的比喻义不谈，仅就"鸨"这个字本身和实际生活中的"鸨"来看，也不该让它蒙冤。

现实生活的"鸨"又是如何呢？

《现代汉语词典》解释是："鸟，头小，颈长，背部平，尾巴短，善跑不善飞，能涉水。种类很多，常见的有大鸨、小鸨等。"这是权威注释。

鸟类学家指出，"鸨"不善飞，但善于在陆地上奔跑，吃大量害虫的幼体，可见它是益鸟，这种鸟现在属于珍稀动物。

见过"鸨"的人描述：鸨比雁略大，背上有黄褐色和黑色斑纹，不善于飞，善于走，吃害虫。

既然是个平常的鸟儿，古人怎么会将它与妓院老板娘联系在一起，称之为"老鸨"呢？这个行当毕竟属色情行业，是不够光彩的。

这里恐怕有两个原因。一则因"鸨"的肉多且肥美，将它与年长又养尊处优、白白胖胖的妓院老板娘称"老鸨儿"也合适。二则因鸨鸟雌雄不易分辨，古人就认为这种鸟只有雌的，没有雄的。它们怎样传宗接代呢？古人想当然地认为，雌鸟要生蛋只有找别的品种的雄鸟来交配。他们将某些人类的作派，强加到鸟儿身上，认为鸨只要别的品种的雄鸟向它求偶，它都会欣然同意。如此这般，就将它当作作风不好、道德败坏的淫鸟了。造成这种误会的根源是，古人没有认真辨别"鸨"是有雌雄的。不作深入调查研究，妄加断论，造成了千古奇冤。

土石修筑的小城——堡

bǎo 堡

古代的"堡"字,是个上下结构的形声字兼会意字。下面的"土"字是形符,表示跟土石有关,上面的"保"字是声符,读"bǎo"。这两个字形组合在一起,指"用土和石块修筑而成的小城"。

古人为什么用"保"字作"堡"字的声符呢?因为"保"有保卫、守护而不丧失的意思,而"堡"有供"防守"之用,所以"堡"字用"保"字作声符并会意。

"堡"字的本义指"小土城",如堡垒式的小城称"城堡"。

"堡"字由本义引申指"构筑的军事工事",如在要冲地点做防守用的坚固的建筑物,或用来比喻难于攻破的事物或不容易接受的新事物和新思想称为"堡垒",也用来比喻十分顽固的人;暗堡、碉堡、地堡、桥头堡中的"堡"字,都含"堡垒"的意思。

"堡"字是个多音字。读作"bǔ"时,指"有城墙的村镇,多作地名",如围有土墙的城镇或乡村称"堡子";也用来泛指村庄,如陕西有个"吴堡",河北有个"柴沟堡"。

"堡"字也读作"pù",作地名用,如五里铺、十里铺等中的"铺"字,有的地区写作"堡"。

"堡"字也作姓氏用。

堡 小篆
堡 隶书
堡 楷书

保家卫国寸土不让——"堡"

山西有座吕梁山，自北向南走向，地势险要。

吕梁山区有个村庄叫马家堡。这个村子建在一座小山顶上，四周都是悬崖峭壁，只有一条羊肠小道通向山顶。这地方虽不大，道路也不宽，但却是交通要道，自古以来就是兵家必争之地。

抗日战争前，这座村子叫"马家铺"，村里人都姓马。开饭铺旅店的、为牲口钉马脚掌的、卖药材的，一家挨一家。

马家铺最多的铺子是铁匠铺，据说有近百家。这些铺子专门铸造刀剑武器，过往客商和专门来订制刀剑的客户络绎不绝。这小村子人丁兴旺，生意红火，抵得上一个小集镇。

村子里几百户人家，男女老幼，都有打拳习武的好传统，年轻人剽悍勇猛，方圆百里内的土匪盗贼，从不敢来侵扰。

抗日战争时期，一支日本侵略军进山扫荡，要从这儿经过，这儿成了阻挡日军进军的堡垒。

一个连的八路军战士和当地村民并肩战斗，打了七天七夜，没让日军靠近村口。日军伤亡惨重，只好退了回去。从此，这个马家铺更加出名了。

因马家铺军民抗击日寇有功，八路军总部下令嘉奖马家铺军民。写嘉奖令的人误将"铺"字写成了"堡"字，他准备重写一份。这时，有位首长看到了，说："别改了。'铺'与'堡'同音，相互通用。更何况，这个'堡'字含义更深啊。你们看，上面是'保'字，下面是'土'字，这就叫保卫国土，寸土不让，还有什么字比这'堡'字更准确、更响亮的呢？"

从此，这个地方就由"马家铺"改为"马家堡"了。

判决罪人向上报告

**bào
报**

甲骨文

金文

小篆

報 隶书

报 楷书

　　甲骨文和金文的"报"字是个会意字。左边是一个刑具，右边是一只手抓住一个人，给其戴上刑具之状，表示"治人之罪"的意思。

　　小篆的"报"字也是个会意字，字形由金文演变而来，写作"報"。左边是"幸"字，有"盗贼、罪人"的意思。古代的"幸"是用树杈扎的刑具，用来锁住奴隶或犯人的，在这儿指"罪人"。右边的字形有用手按住罪人，使其跪下屈服之状。这两个字形组合在一起，指"判决罪人，向上报告"。楷书字形由小篆演变而来，现简化为"报"。

　　"报"字的本义指"判决罪人需要上报"，如把违法犯罪事件向公安机关或司法机关报告称"报案"，向上级报告情况称"报表"，东西坏了不能再用称"报废"，用书面报告请示称"报请"，报单、报到、报捷、报警、报考、补报、谎报、汇报、上报、申报、呈报等都是报告上级的意思。

　　"报"字由本义引申指"告诉"，如报告、告知、发布新闻等称"报导"，报幕、报喜、报时、报信、报纸、公报、预报、通报等都是告诉之义。

　　"报"字由"告诉"引申指"回答"，如报仇、报偿、报答、报恩、报复、报国、报效、恩将仇报。

　　"报"字由"告诉"又引申指"传达消息和言论的文件、信号"，如电报、简报、快报、战报；由此又引申指"报纸刊物"，如报刊、报人、报社、报摊、墙报、画报、日报、晚报、书报。

106

放弃"报"复

无锡东门中学的杨老师,今天讲课文中的关键字"报"字。他要求同学们收集由"报"字组成的词,讲一件感受最深的事,相互交流。

杨莎莉讲了自己当报幕员的经历;刘坤培讲了到派出所报案的事;张晓玲讲她是老保姆带大的,她将如何报恩的事……

金一鸣走上讲台,说:"你们讲的是报幕、报案、报恩,我要讲的是报复。"他见同学们吃惊的样儿,又补了句:"不过,我最终放弃了。"说罢,他讲起了前因后果。

我家楼下有块空地,空地上有些健身器材,还长着几棵树。每当晴天,好多人家就在健身器材上或树之间拉条绳,晒被子晒衣裳。我妈将床单洗好晒在健身单杠上,中午一看,床单掉地上,却换上了一床厚棉被。有人告诉我妈,那是楼下单身汉胡三干的。那刘阿三刚从牢里放出来,谁敢惹他啊,只好自认倒霉。

午饭后,正当人们午睡时,忽然雷声隆隆,乌云滚滚,眼看暴风雨就要来了,人们纷纷下楼收衣服被子。我一看,只有刘阿三的被子还晒在单杠上。他家门锁着,恐怕不在家。我看着天上的乌云,希望暴雨把刘阿三的被子浇得水淋淋的。我有种报复心理,这种心理既兴奋又紧张。但我很快想到,他的被子淋湿了,对我有什么好处呢?现在提倡做好人好事,我怎么能见好事不做却想干坏事呢?刘阿三孤身一人,也有值得同情的地方。想到这儿,我就冲下楼去帮他收被子,但我下楼一看,被子已被楼下老奶奶收走了。就在这时,大雨倾盆而下……

金一鸣讲完,杨老师评价道:"金一鸣同学讲了一个很美的有关报复的故事。在这里,'报'字表示'回答'。他以德报怨,这种美德,值得表扬。"

一字一世界

bào
抱

抱 金文
抱 小篆
抱 隶书
抱 楷书

用手臂围住——抱

小篆的"抱"字是个形声字。左边是提手旁，表示这个字与手有关。右边的"包"字是读音。

在金文和小篆中，提手旁是"手"字的简化，作偏旁，用于左边。"包"字在甲骨文和金文中是个象形字。有人说是像一个即将出生的胎儿，包裹在胎衣之中，也有人认为像妇女怀孕的样子。

"抱"字的本义为用手臂围住的样子，如抱着孩子、抱头痛哭。

也有人认为，"抱"字的本义为人体胸部与腹部之间的部位，指胸怀。因为人的心脏在胸腔，所以有"心里存着"的意思，如怀抱、抱有远大理想、抱歉、抱不平、抱憾终生。

人做"抱"的动作时，往往是把双臂伸出，合围着将物体搂在胸腹之间，所以"抱"有守着、看守的意思。正因为"抱"有伸出双臂合围的动作，所以"抱"引申为围绕、环绕的意思，如小河抱村而过。

"抱"，也作量词用，如一抱草。

"抱"，作领养孩子讲，如抱个孩子。

唐·褚遂良

送你一只手提包——抱

杨老师和张老师是对恩爱夫妻,他们的家庭生活真可拍成一部喜剧电影。因为这两个人都幽默风趣,豁达开朗,每天都有说不完的笑话,讲不完的趣事。

这对夫妻,从小青梅竹马,直到小学、中学、大学,都是同学。大学毕业后分在同一个学校当老师,成了同事。

岁月如梭,转眼五十多年过去,他俩已是白发苍苍的老人了,但仍保持着年轻人的浪漫与欢乐。

这天,是张老师生日,儿孙们聚在一起,为她祝寿。当蜡烛点起,大家唱完"生日快乐歌"时,杨老师转身从柜子里掏出一只早已准备好的纸包说:"老伴,我送你一样礼物,不过你得根据这个礼物,对我有所回报。"

张老师说:"拿出来看看,我才知道怎么回报。"

张老师拆开里三层外三层的包装纸,最后展现在大家面前的是一只精美的女式手提包。

儿孙们看看手提包,盯着张老师,看她怎么回报父亲。杨老师呢,站在一旁,仰着头,一句话也不说,静静地等着老伴的回报。

张老师沉思默想了一会儿,又看看手中的手提包,忽然,她扑到杨老师身上,伸出双臂,紧紧地拥抱着杨老师,说:"这就是我的回报,对不?"

杨老师也紧紧地抱着张老师,高兴地说:"对啦,被你猜中啦。"

儿孙们一头雾水。张老师说:"他这手提包,是要我猜一个字。'手'与'包'在一起,不就是个'抱'字么?他是要我拥抱他呀。"

儿孙们听了,纷纷鼓掌。"咔嚓"一声,女儿把这欢乐的场面拍了下来。

双手端米晒——暴

小篆的"暴"字是个会意字。上面是个"日"字,表示太阳,下面是个"出"字,表示出来。"出"字下是"共",读"gòng",表示双手捧着,再下面是"米"字。从上到下,共有四个部分,这四部分综合起来就是表示"当太阳出来的时候,人们双手端着米,放在阳光下晒"。

"暴"字的本义指晒干,后来这一本义被另造的加了"日"字旁的"曝"字代替。"暴"字就假借指"显现、露出",如暴露、暴光。

"暴"字又假借指"凶恶、残酷",如暴力、暴行、暴君、暴吏、暴乱、暴徒、暴政、残暴、抗暴、强暴、凶暴。

"暴"字由"残酷、凶恶",又引申指"损害、糟蹋",如自暴自弃、暴殄天物。

"暴"字还假借指"突然、猛烈",如暴病、暴动、暴发、暴跌、暴洪、暴利、暴烈、暴死、暴雨、暴涨、暴雪、暴饮暴食。

"暴"字由猛烈引申指"急躁、冲动",如暴怒、暴躁、粗暴、火暴。

"暴"字作动词用,表示"鼓起来、突出",如头上青筋暴出来了。

"暴"字也作姓氏用。

皇帝看错字——暴

明朝永乐年间,有个读书人名叫孙日恭,人如其名,此人集温良恭俭让于一身,谦虚好学,待人诚恳,学识也高人一等。历经二十多年苦读,他由童生考中秀才,由秀才经乡试考中举人,又经一番努力,终于在京城会试中考中贡士。

按科举考试规则,孙日恭以贡士身份参加殿试,若照旧时连升三级的说法,这次他参加殿试,是最后一级了。

孙日恭在殿试中成绩突出,阅卷官按"三甲"录取,一甲三名,赐进士及第,第一名称状元,第二名称榜眼,第三名称探花,合称"三鼎甲"。

阅卷官将三份考卷呈送皇帝,孙日恭的卷子放在第一,初定为状元,另一位名叫邢宽的卷子放在第二,初定为榜眼。

殿试由皇帝亲自主持,中选的考卷由皇帝过目,他认可后,用朱笔在姓名上加点才算正式通过。

当时永乐皇帝已六十多岁了,两眼昏花,他一看"孙日恭"的名字,心里就恼火。你猜怎的?旧时写字是竖行,从上往下写的,他将"孙日恭"中的"日"字和"恭"字看成了"暴"字,这样"孙日恭"就成了"孙暴政"。老皇帝怒道:"本朝一向施行仁政,何来孙暴政!"说罢,将这份卷子扔到一边。

皇帝接着看下一份"邢宽"的试卷,不知他是眼花还是不识"邢"字,他误将"邢"字看成了"刑",赞道:"本朝爱民如子,慈悲为怀,刑法甚宽,这刑宽好!"

说罢,红笔一点,邢宽当了状元。孙日恭呢,他没当上状元,看来,他只好改个名字了。

东晋·王羲之

东晋·王羲之

一字一世界

火星四散迸裂——爆

bào
爆

小篆的"爆"字是个左右结构的形声字兼会意字。左边的"火"字作形符，表示跟火有关。"爆"字右边的"暴"字读"bào"，作声符并会意。

"暴"字与"火"字组合，指"火星四散迸裂"。因是指火星四散，这跟火有关，所以古人用"火"字作"爆"字的形符。

古人为什么用"暴"字作"爆"字的声符呢？

小篆的"暴"字是个会意字，它由"日"字和"米"字及"廾"字组成。这"廾"字读"gǒng"，指双手捧着的意思。这三个字合起来，表示双手捧着米放到太阳下去晒，本义指"晒"。后来这个意思被"曝"字所取代。"暴"字就假借指"露出"和"显现"之义，这就是"暴露"。由此引申指"凶恶残酷"，这就是"暴行"。后来又引申指"损害"和"糟踏"，还引申指"突然""猛烈"，这就是"暴烈"。而"爆"字所呈现的火星猛然四处迸裂飞散的情景与"暴"字所含的意思相吻合，所以古人用"暴"字作"爆"字的声符并会意。

楷书的字形由小篆演变而来，写作"爆"。

"爆"字的本义指"火星四散迸裂"，如突然破裂迸发称"爆裂"，用炸药催毁岩石等建筑物称"爆破"，也指开水将玻璃杯炸裂。还有爆炸、爆响、起爆、引爆等词。

"爆"字由本义引申指"突然"，如爆冷门、爆出特大新闻。

"爆"字还假借指"一种烹调方法"，如爆炒。把牛羊肚片放在开水里稍煮即取出，蘸上佐料吃称"爆肚儿"；"爆米花"也是人们爱吃的零食。

爆
小篆

爆
隶书

爆
楷书

"宫爆鸡丁"和"宫保鸡丁"

  清朝有位大臣名叫丁保桢，贵州平远人，即今日织金人。他是咸丰年间进士，后任山东巡抚，曾认真治理黄河，积极参加洋务运动。他工作勤勉，为人正直，为官廉洁，受朝廷重用，后调到四川任总督。他在四川建机器局、修都江堰、整顿吏治，并筹划西南防务，防止外来侵略，积劳成疾，病逝在任上。

  据史书记载，明清两代的官员除了现职头衔，一般还有虚衔。最高级的有太师、少师、太傅、少傅、太保、少保、太子太保、太子少保，凡此通称"宫衔"。这些头衔都是封给朝中有功之臣的，但没有实权，不少是死后追加的。咸丰皇帝之后，这些虚名多用太保、少保、太子太保、太子少保来命名，这样就另有了个"宫保"的别称。丁宝桢官位高、资历深、功劳大，治川十年，劳苦功高，为了表彰他的功绩，光绪皇帝加封他为"太子太保"，也称"宫保"。

  据说丁宝桢这个人，虽来自贵州穷乡僻壤，但才学甚是了得，且为人幽默，兴趣广泛，除了诗文，还特别喜欢研究烹饪技艺。他常亲自下厨炒菜做饭，特别拿手的一道菜便是"爆炒鸡丁"。他喜欢吃鸡肉和花生米，云南贵州一带的人又嗜辣如命，他就将鸡肉剁成碎丁，佐以葱蒜辣椒及花生米，用大火加油爆炒，其味既辣又有鸡肉的鲜和花生米的香味。这道以鸡丁为主料的美味佳肴本是私房菜，后来传了出去，越传越广，尽人皆知，成了一道名菜。因当时人们知道这是名臣丁保桢首创的，而丁保桢又有"宫保"的头衔，便称此菜为"宫保鸡丁"。

  现在名称改为谐音字"宫爆鸡丁"，有人认为是以讹传讹，搞错了。其实这倒是歪打正着。"宫爆鸡丁"用"爆"字，是从烹饪技艺上讲的，这道菜的关键是用高火加油"爆炒"。若用"保"字，是从历史渊源上来讲的，"宫保"是丁保桢的头衔，以此来命名为"宫保鸡丁"也应该。但用"宫爆鸡丁"也不错。

形似花托的杯子

bēi
杯

杯 金文

杯 小篆

杯 隶书

杯 楷书

　　繁写的"杯"字，写作"盃"，这是个上下结构的会意兼形声字。上面的"不"是读音；下面的"皿"是器皿，表示盛东西（主要是液体状的饮料）的器具，其本义是指杯子。
　　小篆的"杯"字跟简体字的"杯"字相似，是个左右结构的形声字。左边的木是说这杯子与木有关，是木头制作的。右边的"不"是读音，其本义也是指杯子。
　　有人认为，"杯"字用"不"作声旁，还有一层意思，因为"不"是花托的形状。
　　什么是花托？花托是花的一个组成部分，花梗顶端长花的部分。有些植物的果实，如苹果和梨，就是由花托发育而成的。"不"是花托的象形。上面的花托像个杯子。"木"与"不"相组合，就是木制的像花托一样的杯子。其本义也是指"盛装液体的器皿"，如茶杯、酒杯。"杯"字由酒杯、茶杯泛指"盛饮料的器皿"，如漱口杯。又转义为环状的锦标，如银杯、奖杯、捧杯、夺杯。

唐·孙过庭

宋·米芾

明·周砥

强词夺理说"杯"字

北京有所大学的中文系,专门开设了一门"汉字讲座"课。主讲是著名的曹教授,来听课的大都是外国留学生。上课时,教室里坐满了人,就连走廊里也站满了人。

这天,曹教授在讲汉字的形声字中形旁和声旁的关系时,举了几个例子。当说到"杯"字时,美国学生杰西举手提问:"难道杯子是用木头做的吗?"

在他看来,杯子是玻璃或瓷器做的,跟木头无关。

曹教授说:"是的。古代的杯子有陶器的,也有用木头做的,既使在今天,也有用木头制的杯子。不信我拿给你看。"

杰西说:"我不同意这个结论。杯子只能是陶器做的,因为中国古代陶器很发达。那时的文化部长仓颉先生在创造'杯'这个字的时候,特别提醒我们,这杯子不是木头制的。所以他在'木'字的旁边加了个'不'字。"

他这番话,引起同学们一片欢笑声。

曹教授解释说:"这'不'字是表示花托的意思。"

同学们总是没法将"不"字与他所说的花托联系起来。他们宁可相信杰西说的"杯子不是木头做的",正因为如此,所以才是"杯"。

正说着,下课铃响了。曹教授摆摆手,做出举手投降的姿势说:"OK,OK,你的强词夺理暂时胜利了,我们下一次再谈。"

一字一世界

地位低下的人——卑

bēi
卑

金文的"卑"字是个会意字，字形像一个人左手拿着一个酒器，表示这人是个供使唤的执事，这是个地位低下的人。小篆的字形将上面的"酒"字的字形写作"甲"，隶变后的楷书写作"卑"。

"卑"字的本义指"执事供役使"，也就是供使唤的差役。

执事供差役是奴卑下人之事，所以"卑"字引申指"地位低贱"。由地位低贱又引申指"低劣"，如卑鄙无耻、卑劣、卑贱、卑微、卑下、自卑、尊卑、卑躬屈膝、不卑不亢。由此又引申指"谦恭"，再引申作谦词，如卑职，是官员对自己的谦称；"卑辞"，指谦恭的话，也作"卑词"。

𢏕 金文

卑 小篆

卑 隶书

卑 楷书

女"卑"婢女又是奴

话说清朝光绪年间,八国联军攻入北京城,一位姓刘名蓉的小姐在逃难中,与家人走散,后来流落到保定,在一大户人家当婢女。

她在主人家服侍小姐,陪伴左右。主人家请一教书先生,教家中子女读书识字,小姐在其中,学习比她的兄长更认真。

这教书先生年纪尚轻,文才尚可,但品性不端,他对小姐动了歪心思,常写些爱慕挑逗的诗句联语给小姐看,还要她对出下联。刘蓉她像大姐姐一样保护着小姐,不让教书先生的心思得逞。

教书先生对刘蓉从中作梗十分痛恨。他以教识字讲对联为借口,写了条上联:

> 各门阁内女卑婢女,又是奴

这上联是婢女是低微卑贱的,是奴才小人。这句话,是针对婢女刘蓉的。

教书先生要小姐作出下联,小姐不知如何应对。刘蓉不亢不卑,为小姐写了条下联:

> 长巾帐中女子好,少女尤妙

这下联对仗工整,贴切合律,看得教书先生无话可说。但他又不死心,又写一上联:

> 恋恋爱爱,爱爱恋恋,越恋越爱,越爱越恋

小姐看罢,羞得脸红耳赤,想告诉家人,又怕张扬出去,怪罪到自己。刘蓉为此忍无可忍,代小姐回了他下联:

> 生生死死,死死生生,先生先死,先死先生

教书先生看了,知道这婢女不是好惹的,况且她还放出话来:要将这些对联交与主人。

教书先生怕闹出大事来,便辞职回家了。

心中的痛苦——悲

bēi
悲

悲 甲骨文
悲 金文
悲 小篆
悲 隶书
悲 楷书

"悲"字是个形声字。它上半部的"非"是声符,下面的"心"是形符,表明这个字与"心"有关,是心理活动。

"悲"的本义就是心里悲痛、伤心,也就是常说的悲伤。心中悲伤,往往会和惨痛、愁苦、凄凉、心酸以及愤怒、凄戚等感情相联系,所以就有了悲惨、悲愁、悲凉、悲酸、悲愤、悲戚等词汇。

"悲"与"喜"是相对立的。悲喜交集的事也是常见的。

东晋·王羲之

东晋·王献之

宋·苏轼

唐·柳公权

东晋·王羲之

撑船老汉巧申冤——悲

从前，有个靠撑船为生的老汉，被当地恶霸欺凌，一肚子冤屈无处申诉，只好常常用歌声来泄愤。

一天，京城的一位大官乔装成客商，搭他的船过江。船到江心，老汉忽然放开喉咙大声唱了起来：

  一条木船两根桅，九只燕子绕船飞。
  六只落在桅杆上，一只直往舱里坠。
  还有两只无着落，木船左右各徘徊。

大官听罢，闭上眼睛细细琢磨了一下，便对老汉说："你有什么冤屈，不妨说给我听听。"老汉一愣，随即跪倒在地，知道今天遇上了青天大老爷。

原来，老汉的这首歌是用制字谜的象形法造了个"悲"字，没想到竟一下子被乘船的大官猜了出来。

读者不妨将老汉唱的词跟"悲"字相对照，准能看出其中的奥妙。

刻字纪念的竖石——碑

bēi
碑

小篆的"碑"字是个左右结构的形声字兼会意字。左边的"石"字作形符，表示跟石头有关；"碑"字右边的"卑"字读"bēi"，作声符并会意。

"石"字与"卑"字组合，指"刻有文字或图画作纪念或作标记的竖石"。因是指刻有文字的竖立着的石块，这跟石头有关，所以古人用"石"字作"碑"字的形符。

古人为什么用"卑"字作"碑"字的声符呢？

据专家考证，最初的石碑都低矮、小气，而"卑"字有"低下""小"的意思，所以古人用"碑"字的声符。

"碑"字，就其来源而言有三种：一是指竖立在皇宫门前用以测日影的石头，二指竖立在宗庙庭院内拴牲畜的石头，三是指墓穴前竖立的石头。这三种碑有大有小，有重要有次要，如拴牲畜的小石碑属卑微小碑，所以古人因其小，才用"卑"字作"碑字"的声符吧？

楷书的字形由小篆演变而来，写作"碑"。

"碑"字的本义指"刻有文字或图画，竖立起来作为纪念物或标记的石头"。如碑的上端叫"碑额"，也叫"碑首"或"碑头"；刻在碑上的文字或图画称"碑刻"；刻在碑上的记事文章称"碑记"；聚集在一起的众多石碑称"碑林"，如陕西西安碑林；碑刻的拓本称"碑拓"；碑的背面称"碑阴"；碑下面的底座称"碑座"；"碑记"也叫"碑志"；还有丰碑、界碑、墓碑、纪念碑、里程碑、树碑立传等词语。"碑"字由本义引申指"群众口头上的称颂"，如口碑、有口皆碑等。

碑 小篆

碑 隶书

碑 楷书

墓碑和丰碑

"墓碑"指立在坟墓前面或后面的石碑,上面刻有死者姓名、事迹等文字。"墓碑"和"丰碑"词义不尽相同,规模也有大小之分,但两者也有相通之处。应该说,"墓碑"源自"丰碑"。这就先得从"丰碑"讲起。

"丰碑"的"丰"字指高大,用来修饰"碑"字的。"碑"字本义指竖石,即竖立起来的石头。"丰碑"就是竖立着的高大石碑,上面刻写着丰功伟绩。

据专家考证,"丰碑"原本不是用来刻字的,大约到了秦代才在上面刻字,刻有文告或当作标记及纪念物。这时的竖石也不称为"碑",更不是称"丰碑",而叫"刻石"。到了汉代才称为"碑"。

最早的"碑"有一种用处:那就是办丧事时将棺材放入墓穴的工具。

古时帝王的棺材分两层,有内棺和外棺之分,因为棺材太沉重,移动时就要用粗大的木头竖立在棺材的四角。木头有孔,穿根粗绳制成辘轳,这样能省不少力,一步步牵引着,将棺材放到墓穴里。按照当时的礼制规定,天子下葬用六根粗绳和四碑,即四根大木头。诸侯用四根粗绳和两根大木头。由此可知,"丰碑"就是指下棺材用的大木头。这种规定在当时是十分严格的,谁违规谁就要受到惩罚。随着时间推移,周王朝衰败,春秋战国的纷乱,这种严格的葬礼规矩早被人丢到了脑后,别说诸侯国君,就是平民百姓,也开始在去世的家人坟前竖起了石碑,这也称为"丰碑",上面记着故人的生卒年月,还有的写着简短的经历,以示纪念,这就成了今日的"墓碑"。

"丰碑",原先只是指葬礼上用的下棺材的工具,后来在碑上刻字成了"墓碑"。如今又将"丰碑"赋予更深刻更隆重的内涵,借指伟大的功绩和不朽的杰作了。

两人背对背为北

běi
北

𠁻
甲骨文

𠁻
金文

𠁻
小篆

北
隶书

北
楷书

甲骨文的"北"字，与"从"字有相同之处，都是由两个"人"字组成的。人的形状也相同，都是弓着背，在急匆匆行走的样子。但这两个字有明显的不同之处。"从"是二人一前一后，向着同一个方向。而"北"字则是一左一右，背对着背，向着不同的方向。后来的"北"字，都与甲骨文相似。

两个字，似乎在表述一个简单的情节。"从"字是后面的人紧紧跟随前面的人，他们朝着左面的方向走着。后来，这两个人产生矛盾，后面的人掉转头，背对着前面的人，向右边走去，这就是"北"。

"北"的本义是"背对背"，也就是"违背"的意思。

在古代，两军对阵，相互厮杀，打了败仗的一方转身向后逃跑。逃跑的败军的背部，对着打胜仗的一方，因而称为"北"。打了败仗就称"败北"。

北，后来假借为表示方向的"北"。在日常生活中，"表示"方向的词语用得很多，使用频率很高，所以它的本义"背对背"和"违背"倒用不上了，所以古人另造了个"背"字，而"北"，则专门用来指示东南西北的北方了。

北魏《安乐王墓志》

宋·米芾

媒人拆字巧相劝——北

苏北阜宁县有个张吴村,村子不大,分为两大姓。村北的姓张,村南的姓吴。张吴两姓,历来不和,时有矛盾产生。近年来,经当地乡镇领导多方努力,两姓矛盾缓和,特别是村北的小伙子张家贝和村南的吴桂楠结婚,更是件大喜事。小贝和桂楠的媒人是村里的小学校长杨校长,这对新人都是他的学生。

结婚这天,杨校长特地写了副对联,送给他俩:

　　北南一家
　　比翼双飞

杨校长这副对联含义深刻。上联借一对新人名字的谐音,说村南村北两姓都是一家人;下联祝夫妻俩美满幸福。他还有意将"北"和"比"这两个相近的字打头,这样使上下对联更具特色。

结婚后,小夫妻和和美美生活了一段时间。后来,为家庭琐事,难免磕磕绊绊闹些小矛盾。这几天,两人又吵了一架,背靠着背,互不搭理。正巧,杨校长来串门,他见小夫妻俩这架势,指着客厅里那副对联说:"你们猜,我为啥当头写了个'北'和'比'字?"没等他们俩回答,杨校长接着说,"'比'是两人肩并肩,朝着一个方向,过美好的生活。你们夫妻一场,可别像这个'北'字,背靠着背,朝着不同的方向,闹得两败俱伤啊。"

这一说,夫妻俩似乎都有所触动。他们转过身,相互看了看,在老校长的劝解下,两人各自作了检讨,又和好如初了。

一字一世界

贝壳当货币

bèi
贝

甲骨文

金文

小篆

隶书

楷书

甲骨文的"贝"字,像竖着放的海贝,左右两边像两扇贝壳。后来的金文,写得像海贝的两背微微隆起,成拱形,腹下微微分开,似乎露出里面的蚌肉。后来的"贝"字,头部伸出两根短短的触角,这就与如今的"贝"字更接近了。这是个象形字。

"贝"字的本义是指螺、蚌、蛤蜊等软体动物的总称,古代用作货币,当作宝物。

大海里的贝类成千上万,数不胜数,为什么被我们的祖先看成宝物呢?

中华民族的文明,始发于黄河流域。那时的中原一带,远离大海。从大海边把贝壳带到中原,要越过崇山峻岭,谈何容易!物以稀为贵,在中原及更远的西北西南一带,贝壳更是稀罕之物。加之"贝"五光十色,质地坚硬,可当装饰品,又成吉祥物,所以更使人们觉得珍贵。既然珍贵,就当作宝物。是宝物,就有很高的价值。

随着最原始的经济贸易的发展,出现了以物换物的交换手段。但这样很不方便。随着生产的发展,商品交换的种类不断扩大,就出现了商品交换的中间物——贝。这就是我们祖先最早使用的货币。

"贝"当货币使用了很长一段时间,直到秦代,才为金属制作的"钱"所代替。"贝"字做过货币,又被视为宝物,所以当它作为部首字时,凡是从"贝"的字,大都与钱财、商品交易有关,如贩、财、贵、贱、货、贿、赌、贸、贷等。

124

最佳方案——贝

在全国各地，都有灯谜爱好者的组织，名称各异，规模大的，叫灯谜协会；人数少的叫灯谜小组；比较专业的叫灯谜研究会；也有的叫谜社、谜院；洋气一点儿的叫灯谜沙龙，等等。

谜友们聚会时，大都研究猜谜的诀窍，切磋制谜的艺术。制作谜语有多种方案，但要寻求到一个最佳方案，才算佳作。

这天，无锡谜社的几位谜友，为制作"贝"字的谜面，争论了大半天。老刘提出第一个方案："目字加两点。"

老胡说："不妥。'贝'字简化了，上面不是'目'字了，你说的是繁体的'贝'字。"

老陈说："就算按繁体字'贝'字来猜，目字加两点，明眼人一看就是个'贝'字，这也过于简单了。"

老李说："'目'字加两点，我何尝不可猜成'贺'字？加两点嘛。最好要补一句，不作'贝'字猜。"

老刘说："你这一说，不就成了'贺'字吗？"

老李说："我提一个方案。瞧左边，相右边，见（见）上边，看下边，下边有两点。"

大家一琢磨，觉得与老刘的第一方案比起来，老李的方案有广度，有深度，也有难度。不是么？"瞧"的左边是"目"，"相"的右边也是"目"，"见"的上边是"目"，"看"的下边也是"目"。一连串的眼神，四个不同方位指的是"目"。"目"下面有两点就是"贝"。

众人夸好，老陈说："最后一句还值得推敲。'有两点'，过于直白，而且'贝'字下面那一短撇不能算作点。我看，不如改成'下面有双脚'。这就是看到的事物，而不是两个抽象化的点。"

这一说，大家拍手赞成，认为这是最佳方案。

传说中似狗的兽——狈

bèi
狈

甲骨文

金文

小篆

狽
隶书

狈
楷书

小篆的"狈"字是个左右结构的形声字兼会意字。左边是"反犬旁",作形符,表示跟犬之类有关。"狈"字右边的"贝"字读"bèi",作声符并会意。

"贝"字与"犬"字组合,指传说一种似狗的兽类。因指的是像狗一样的兽类,这跟狗有关,所以古人用"反犬旁"作"狈"字的形符。

古人为什么用"贝"字作"狈"字的声符呢?

传说狈的前腿特别短,走路时要趴在狼身上。没有狼,它就不能行动,因此成语"狼狈为奸",就是以此讽刺互相勾结干坏事。狼和狈不能分离,相依而行。

"贝"字在甲骨文中是象形字,就像左右两扇贝壳的样子。这两扇贝壳不可分离,就像狼和狈一样都是相依相存,所以古人用"贝"字作"狈"字的声符。

楷书的字形由小篆演变而来,写作"狽",现简化为"狈"。

"狈"在现实生活中并不存在,只是传说。另有"狼狈不堪"和"狼狈万状"等词。"狼狈"表示窘迫的样子,"不堪"指不能忍受。这两个成语指"窘迫得不能忍受",形容处境困难,窘迫得到了极点。

"狈"和"狼狈"

《现代汉语词典》对"狈"字没有作解释,把这个字归纳到"狼狈"和"狼狈为奸"这两个词组里一并解释了。《辞海》的解释很简单,说"这是传说中的兽名"。也有辞书解释,说"狈"是传说中像狗一样的兽。由此看来,"狈"这种动物是不存在的,仅仅是传说而已。

据唐代段成式所著笔记小说集《酉阳杂俎(zǔ)》记载:"狈,前足极短,每行常驾于狼腿上,狈失狼则不能动。"

《酉阳杂俎》是笔记小说,真假难分。但作者为什么这么写呢?

古人认为,"狼"和"狈"是两种奇异的动物。"狼"的四条腿前后不一样,前面两条腿略长,后面两条腿稍短。而"狈"则相反,它前面两条腿较短,后面两条腿较长。它们必须相互搭配,一狼一狈,一前一后。狼在前,狈在后,将前腿搭在狼后背上,这样才能行动。《博物典汇》一书也这样描述:"狼,前二足长,后二足短;狈,前二足短,后二足长。狼无狈不立,狈无狼不行。"

可事实上,狼的前后腿绝无长短之说。狼奔跑如飞,不存在不能行之说。狼扑向猎物时弹跳直立,迅猛快捷,势不可当,也无"狼无狈不立"之说。虽说动物界也有一些动物前后腿长短不一,相差很大,但那是袋鼠兔子之类,而绝不是狼。

看来,可能是古人观察不仔细,把同居同行的母狼和公狼误以为是狼与狈了。狼是群居的,所以称狼群。但它们一雌一雄,成对同居,出行时也是同行,为的是相互配合,或前后夹攻,捕获猎物,这给人一种错觉,好像是狼狈同行。

狼捕猎家畜或别的动物以及人类,都是为了自身的生存。为了生存,它们竭尽本能,或凶残,或狡猾,斗智斗勇,无所不用其极。它们给其他动物,特别对人类带来灾难和威胁,因此它们所干的事,在人类看来都是坏事、恶事、奸诈的事,因此将坏人勾结做恶,都称之为"狼狈为奸"。形容生活穷困、事情不顺称之为"狼狈"。这个不存在的"狈",与"狼"一起,承担了千年骂名。

贮箭随时使用——备

bèi
备

甲骨文
金文
小篆
隶书
楷书

简体字"备"字与繁体字的"備"字已大不一样了。甲骨文的"备"字是个会意字，字形像箭插入盛箭的器物中，写作"𢽥"，可能是箭袋或箭筒之类，表示置备有箭，随时可用。金文相似。小篆承接金文，在左边另加义符"单人旁"，写作"備"，表示人预先置备的，自然要小心谨慎了。

这样一来，小篆的"備"字就成了个左右结构的形声字兼会意字。左边的"单人旁"作形符，表示跟人有关。

"備"字右边的"䈿"字读"bèi"，作声符并会意。

"䈿"字与"人"字组合，指箭筒里放了不少箭随时可用。因是关系到射箭，射箭者和被射者都与这人有关，所以古人用"人"字作"備"字的形符。

"䈿"字在甲骨文中是个象形字，就像箭插入箭筒中随时备用的意思，所以古人用"䈿"字作"備"字的声符并会意。

楷书的字形由小篆演变而来，写作"備"，后简化为"备"。

"备"字的本义指"预先安排和筹划"，如把需要的东西置办起来称"备办"，供参考称"备查"，防备灾荒称"备荒"，准备好耕种称"备耕"。还有备料、备取、备用、备战、常备、储备、防备、后备等词。

"备"字由本义引申指"具备、具有"，如兼备、贮备、置备、德才兼备。"备"字由"具有"又引申指"完全、应有尽有"，如齐备、完备、关怀备至、备受欢迎。又引申指"设备"，如配备、军备、装备。还表示批评，如责备。

有"备"无患

人口密集的城市或乡镇，为防止火灾，一般都设有防火救火的机构。有民间自发组织的，也有政府部门设立的，如现在的"消防大队"、旧时代的"水龙局""救火队"之类。

火灾是突发事件，一个不小心便会引发大灾，所以消防大队、水龙局里的人必须时刻准备着，一有火情，就要奔赴火场参加灭火，一刻也不能耽搁。

民国年间，苏北建湖县蒋营镇新设了个水龙局，专为镇上和附近几个村子防火灭火。救火队员都是义务的，一有火情，都会到镇东头的水龙局集中。水龙局里有专人值班，水压机、木桶、火钩、长梯、水管、喷水龙头……凡此应有尽有。

这年，由乡民集资，将水龙局整旧换新，又新添了不少器材。水龙局总管由镇长兼任。镇长特地请镇上德高望众的私塾先生吴润生为水龙局写个匾额，高挂在门楣上。

吴先生经几日构思，终于拟好了五个大字，先征求全镇父老的意见，再书写制匾。

这五个大字写成样本，挂在水龙局门口让人评论。开始人们不知何意，便议论纷纷。不少人虽知道玄德是三国时蜀汉的建立者刘备，字玄德。但大多不知其义，心中纳闷：这水龙局是救火灭火的，与刘备有什么关系呢？

几位略通文墨的人接连读了几遍，终于弄明白了：刘备刘备，重在一个"备"字啊。常备不懈，时刻保持警惕，这就叫有备无患。而常备不懈，有备无患，正是设置水龙局的目的所在，也是水龙局所有成员都要时刻牢记的警句啊。

人胸腹的后面——背

bèi
背

小篆的"背"字是个上下结构的形声字兼会意字。下面的"月"字作形符,表示跟"肉"有关。上面的"北"字读"běi",作声符兼表意,指人身体后面的脊背处。

古人为什么用"北"字作"背"字的声符呢?因为"北"字本身就含有相反之义。人的胸部和腹部都在前面,背在后面,二者都含有相反之义,所以"背"字用"北"字作声符并会意。"背"字的本义指"人的胸腹的后面"。

"背"字是个多音字。读"bèi"时,指"背后",如背部、背心、擦背、驼背、弓背、汗流浃背。

"背"字由本义引申指"事物的反面或后面",如手背、刀背、背面、书背。

"背"字由"背部对着"引申指"不遵守、违背",如背叛、背弃、背离、背信弃义等。由此又引申指"离开",如背井离乡。

"背"字假借指"凭记忆读书",如背书、背诵。还假借指"不顺利""倒霉",如:背时、背兴、走背运。又假借指"瞒着、暗地里",如:背地里、背着。又假借指"偏僻",如背静,他家住的地方很背。还假借指耳朵听觉不灵,如耳朵有点背。

"背"字读作"bēi"时,由本义又引申为"人用背(bèi)驮东西"如背枪、背负。由"背负"又引申为"负担",如背债、背黑锅、这事我背不起。

"背"字也作姓氏用。

"鳝背"与"扇贝"——背

有一现实故事,说的是因误听一盘菜名而闹成人命案子,闹上法庭。

却说北京大学老教授胡先生,偕同夫人杨教授,一同回杨教授老家无锡小住。杨教授家是无锡名门望族,虽久居京城,但对家乡菜肴还是十分熟悉,也很嗜好的。

这天,两位老人来到市中心一家餐馆就餐。这餐馆店面不大,但因地处闹市,顾客盈门。二老挑一小桌坐下,服务生迎上来,徐老字正腔圆地点了炒鳝背及其他一些菜。服务生应诺而去,不一会,端上了一桌菜。其中不见杨教授最喜欢吃的炒鳝背,却是生猛海鲜,炒扇贝。

"扇贝"与"鳝背"两词谐音。"扇贝"是扇形的贝壳,是海鲜产品,胡教授对此过敏,吃了皮肤痒得难受。"鳝背"是用鳝鱼脊背肉炒的,其味鲜美,是杨教授的最爱,特地回来尝尝的。见闹了误会,胡教授把服务生喊来,说端错菜了。服务生说是按你吩咐下单的。两下里争论起来。

收银台是该店老板娘兼任的。她见此情景走了过来,为服务生帮腔。胡教授很是生气,刚说了几句,脸色发白,口喘粗气,身子摇晃。杨教授见状,忙扶住他,连说:"算了!算了!不吃了,回家吧……"

这老板娘也是盏不省油的灯。此时她不是息事宁人,而是火上浇油,鄙夷地说:"喔唷唷,扇贝、鳝背也搞勿清,饭还没吃就吃急救药,搞啥名堂……"

胡教授是听得懂无锡话的,闻得此言,头脑一阵眩晕,人就瘫倒在地……

接下去的故事很难收场。胡教授因受外来刺激而引起脑溢血,命虽保住了,但至今昏迷不醒。告上法庭后,双方律师唇枪舌战,竟然都把《现代汉语词典》端了出来,就"扇贝"和"鳝背"的读音展开争论。这种百年难遇的事,可真难为了庭审的法官们。

一字一世界

人的背离和反对——倍

bèi
倍

倍 金文
倄 小篆
倍 隶书
倍 楷书

　　小篆的"倍"字是个左右结构的形声字兼会意字。左边的"单人旁"指"人"，作形符，表示跟人有关。"倍"字右边的"咅"字读"pǒu"，作声符并会意。"咅"字与"人"字组合，指"人的背离和反对"。

　　因是指人相互间的矛盾冲突，这跟人有关，所以古人用"人"字作"倍"字的声符并会意。

　　古人为什么用"咅"字作"倍"字的声符呢？

　　小篆的"咅"字是个上下结构的形声字兼会意字，表示断然否定之义。否定到什么程度呢？从这个字形分析，有相互唾弃斥责之义，发出了相当于今日的"呸！呸！"的怒骂声。两人争执，以吐口水表示反对对方，所以古人用"咅"字作"倍"字的声符，以突出"背离"和"反对"之义。

　　楷书的字形由小篆演变而来，写作"倍"。"倍"字的本义指"反对、背离"。

　　反对必定有对立面，这样就由一方变成双方，所以"倍"字由本义引申指"跟原数相等的增加数"。按原数增加，增加几次就叫做几倍。如十倍、千万倍，这就叫"倍数"。

　　"倍"字由"倍数"引申指"更加"，如表示程度比原来深得多称"倍加"，成倍的增长叫"倍增"，还有加倍、事半功倍、身价百倍等词语中的"倍"字都属此之义。

　　"倍"字也作姓氏用。

口不正，言不可信——倍

民国年间，南京夫子庙文德桥头的测字大师胡铁嘴，为人和善，以测字准，待人诚实闻名。这天，胡铁嘴的好友徐文才来相告，他有个守寡多年的远房堂妹，经人说合，要嫁给一个姓吴的单身汉。此人为人口碑不佳，堂妹父母不放心，要请胡铁嘴测个字，做个定夺。

第二天，徐文才把叔叔婶婶领来便走了。胡铁嘴按惯例请二人拣个字，以字说话。徐老先生掏出预先写好的"吴"字。

胡铁嘴接过"吴"字端详了一番说："从字相上看，这口天吴上为'口'，下为'天'。'天'由'二人'两字组成，应是二人天合，有男女相爱之意，但下面的'天'字，没有出头，按测字行话说，无头不成'夫'，若是论婚姻嫁娶，'吴'字下面成不了'夫'，单有上面一个'口'字那是成不夫妻的。即使成了亲，也是有名无实。你老先生的女儿就是那单独的'口'字，她要嫁的丈夫是不出头的'天'字，此事难成呀。"

徐老先生显得很失望，胡铁嘴将字袋递上，劝道："你写'吴'字来测，是有备而来，还是顺应天意，你在字袋里摸个字再测吧。"

徐老先生小心翼翼地从字袋里摸出一个字，翻过来一看，是个"倍"字。

胡铁嘴接过纸片，又写了个"倍"字说："哎呀，真是天意呀。这'倍'字左边单人旁，右上为'立'字，下为'口'字，这叫'人立于口'，可见此人是凭口舌吃饭的，看来是能说会道，能把死的说活，活的说死，这也是谋生之道，也算得上是个本事。但'倍'中的'口'字不正，放在右下角，这就叫'口不正，言不可信'。从字相上看，它在'人'字旁边，'立'字下面。'人'与'立'合为'位'，而'口'在'位'下，独占一席之地，有吃独食、自顾自，不顾他人之意。这种人不管做朋友还是做丈夫，都是难以相处。这门亲事，你们二老还是谨慎为好啊。对这吴某人，不妨请文才去打听打听，待考查实了再说吧。"

这番话，说得两位老人点头称是，相扶着，颤颤巍巍地回去了。

和衣服有关的被字

bèi
被

金文

小篆

被 隶书

被 楷书

　　小篆的"被"字是个形声字。左边的衣字旁"衤"是它的形旁，说明这个字的意思和衣服有关。右边的"皮"是它的声旁。"被"的本义是"睡眠时用以覆体的夹被"、被子，如棉被、夹被、毛巾被、被窝。

　　"被"字在现代汉语中，继续沿用了它的本义，如被单、被套、被褥、被罩。

　　"被"字还表示被动，是"叫、让"的意思，如纸被风吹走了、被捕、被保险人、被俘、被告、被毁、被控。

　　"被子植物"是种子植物的一大类，是地球上最完善、出现得最晚的植物。

　　"被"在古代还表示"披"的意思，后写作"披"，如被甲持兵、被坚执锐。

东晋·王羲之

隋·智永

唐·怀素

明·文徵明《西苑诗》

皮和衣合在一起——被

民国初年的一天晚上,一个小偷住进了一家旅社,想趁夜深人静之际偷窃财物。

和小偷住在一个房间的还有另外两个人,躺在床上,正在聊天。他俩见小偷进门,只当他是旅客,还是有一句没一句地聊着。其中一人说:"今晚天冷,看来要多盖一点。"另一个说:"是啊,咱们得把从家里带的皮衣盖在上面。"

小偷一听,心中暗喜,打算一关灯就下手去偷皮衣。

过了一会儿,那两人终于睡着了,小偷蹑手蹑脚走到他们床前,伸手去摸皮衣,可是摸来摸去,只摸到了一床烂棉絮。这是怎么回事?难道是这两个家伙在耍我?小偷心不甘,又摸索了半天,仍然没发现什么值钱的皮衣,气得他回到自己床边,坐在床沿直瞪眼。

就这样到了后半夜,一阵冷风吹过,小偷一激灵,狠狠在自己脑门上拍了一巴掌:"我真是个蠢蛋,这皮和衣合在一起,是个被子的'被'字,那床烂棉絮肯定就是这两个家伙说的皮衣。"想到这儿,他只得大呼倒霉,躺下睡觉了。

bèi
辈

甲骨文
金文
小篆
隶书
楷书

一百辆车为一辈

　　小篆的"辈"字，是个会意兼形声字。以"车"作形符，以"非"兼声符。"车"，表示这个字与车子有关。"非"，像鸟的两扇翅膀。本义指分两行排列的一百辆战车，也可指平常坐的车子。

　　"辈"由车分行而排列这层意思，引申出"同类、同等"的意思，如我辈、若辈、无能之辈、女流之辈。

　　"辈"也指"尊卑老幼的行次"，如前辈、后辈、长辈、晚辈、老一辈。

　　"辈"也作量词用，表示一生一世，如一辈子、半辈子、后半辈子。

[瓦当欣赏]

战国画像瓦当

妙联讽刺错别字——辈

清朝末年宣统年间，有一位名叫唐僖的翰林，从日本留学归来。他写了一封信给甘肃布政使何秋辇，谈成立宪法研究会的事。这位翰林可能在外国待久了，写起信来，错字连篇，他将"秋辇"写成了"秋辈"，又将"追究"的"究"字错写为"宄"。何秋辇看了，当即写了副对联讥讽他：

辇辇并车，夫夫竟作非非想；
宄宄同盖，九九难将八八降。

这副对联，用离合手法，指出对方"辇"与"辈"，"究"与"宄"不分。"辇"读"niǎn"，是个会意字，它由两个"夫"字与"车"组合，本义为两人拉的车子，后引申为帝王乘坐的车子。

"辇"与"辈"均属"车"部，但它们的上半部有"夫""非"之别。作者幽默地说"夫夫竟作非非想"，点出了两字的区别之处。

第二句中的"宄"读"guǐ"，是个会意字，由"宀"和"九"组成。"宀"表示与房屋有关，"九"是"它"的省笔，"它"指蛇，指家里的蛇，表示内奸，本义指内部作乱或窃夺，如奸宄。外为盗，内为宄，也泛指违法乱纪的人。

"究"与"宄"，虽然都有"九"字，但一个是宝盖头，一个是"穴"头，当中多了个"八"字，所以作者巧妙地说"九九难将八八降"。另外，说"辇""辈"同"车"，"究""宄"同盖，极生动有趣，形象贴切，读了真令人忍俊不禁，拍案叫绝。

一字一世界

人在草上飞奔

bēn 奔

　　从金文的字形看，"奔"字是个上下结构的会意字。它的上半部是个"夭"字。这"夭"字像个甩动双臂、正拼命奔跑的人。下半部是三个"止"字。

　　"止"字，表示脚趾。三个"止"，就是多个脚趾。对此有两种解释：一种解释认为，三个"止"表示这个人跑得很快，地上留下了一个脚印又一个脚印；另一种解释认为，这是许多人在奔跑，所以地上留下了这么多脚印。

　　对这两种解释，许多专家认为后一种说法较为合理。所以"奔"字的本义是指"许多人在奔跑"，后来引申为"快跑、急走、逃亡"等意思，如投奔、奔命、奔走、奔忙、奔丧。

　　"奔"字原先指人的奔跑，后来也泛指一般事物的疾驰，如奔腾的波浪称为"奔波""奔流"。奔还读作"bèn"，"直往，趋向"的意思，如投奔。

　　值得一提的是，小篆的"奔"字，上面没什么变化，但下半部三个脚趾（止）变成了三丛草（卉），这样一来，原先的众人奔走就变成一个人"在草上"飞奔。

唐·欧阳通

明·文徵明《西苑诗》

盂鼎《说文古籀》

金文
小篆 奔
隶书 奔
楷书 奔

三十大写为奔

明末清初,浙江余姚有个姓王的人。一天清晨,他的妻子突然不辞而别,再也没回来过。王某以为妻子出了什么意外,心里非常担心,思来想去,只好去找本地的一个教书先生,想听听他的看法。

来到教书先生家里,王某看到书桌上摆着一本账本,上面写着"叁拾"两个字,便指着说:"家里出了点小事,我想请先生用这两个字测测。"

教书先生看看他无精打采的模样,再看看那两个字,心里明白了,不慌不忙地说:"一定是你的妻子与人私奔了,你赶快去别处找吧。"

王某听了大吃一惊,跌跌撞撞离开了教书先生的家,后来真的在别处找回了妻子。

事后,王某问教书先生怎么知道他妻子私奔的事。教书先生微微一笑,说道:"当时你指的是'叁拾'二字,而这两个字是'三十'的大写,把大三十(一个大字,三个十字)合成一个字,不就是'奔'字吗!所以我才断定你的妻子与人私奔了。"

听教书先生这么一解释,王某顿时心服口服。

相信读者看了,只会暗暗好笑:这只是个有趣的文字游戏故事罢了。

牛受惊离群奔走——"犇"

bēn
犇

"犇"字由三个牛字组成，是个会意字。

从古文字看，三头牛挤在一起，表明是一群牛。在一群牛中，有一头牛受惊了，从牛群中奔走了。

"犇"字的本义指"牛受惊奔走了"，读音同"奔"，意思也同"奔"。

"犇"，其实就是"奔"的异体字。

小 篆
犇
隶书
犇
楷书

[瓦当欣赏]

秦汉瓦当

三牛成犇

清朝年间,丁日昌任江苏巡抚,他有位擅长弹奏古琴的幕僚。

一天,丁日昌邀请俞樾(yuè)、潘玉泉、吴介山三位著名学者到他家欣赏古琴表演。虽说他们都是响当当的大学者,可对音律却一窍不通。听了半天,俞樾忽然忍不住笑了起来,说:"俗话说'三人成众',今天咱们却变成'三人成犇'了。"

潘玉泉和吴介山不明白这话是什么意思,只听俞樾接着说:"俗话说'对牛弹琴,牛不入耳',今天这么美妙的古琴乐曲,我们却都不会欣赏,岂不成了三条牛了吗?"

一听这话,大家都哈哈大笑起来。

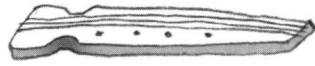

一字一世界

běn
本

金文
小篆
本 隶书
本 楷书

树根上一横指根本

说到"本"字,就使人想到"木"字。

"木"字像一棵树,上有树枝,中有树干,下有树根,本义指"树"。

金文的"本"字,在"木"的根部加上几个小点,后来改为在"木"字的根部加一短横,也就是现在的写法。

这一短横是个指事符号,指的就是树木埋在地下的根部。可见,"本"字是个指事字。它的本义就是指"树根"。

树根是树的基础,这就引申出"根源、根本"这些意思来。

由"根本",又引申为"依据、根据"的意思,如本来、本性、本源、底本、样本。由此再引申为"原有的、中心的、主要的"意思,如本意、本部、本质等。

由于"本"是根,又作"本钱"解释,如一本万利。

"本"也作书本、账本用。

另外,"本"还作量词用,如一本书。

秦·泰山刻石

唐·怀素

宋·米芾

一木焉能支大厦——本

清朝乾隆年间,朝廷有位大臣名叫左省钦。此人能吟诗作对,深受乾隆皇帝的信任,常被派到外地任主考官。因为他手中有权,心中又贪,所以受到考生们责骂,民间流传不少有关他的故事。

话说乾隆四十二年,直隶府举行乡试,左省钦和另一位大臣赵冠元奉命任主考官。到任后,他们接受富家子弟的贿赂,按银钱多少来排中举名次,为此激起考生们的怒火。

考生中,有个名叫陈本可的穷秀才。他文才兼备,本应高中榜首,但因无钱行贿,因而落榜。他愤怒难忍,写了副对联贴到学政衙门的墙头:"左丘明两眼无珠,赵子龙一身是胆。"

这副对联对仗工整,以"左丘明"和"赵子龙"暗指左省钦和赵冠元,痛斥了他们徇私舞弊的丑行。

左省钦看到这副对联,不由大怒。他派人将陈本可带到学政衙门训斥,想以自己的才学压倒傲气十足的陈本可,也作了副对联,讥讽道:"一木焉能支大厦,干河岂能翻波涛?"

这是一副精巧的拆字联。"一木"是个"本"字,"干河"是个"可"字,两字相连就是"本可"。意思是:你陈本可一个人怎能掀得起风浪?

陈本可一听,冷冷一笑,大声喝道:"少目岂能当主考,欠金安可望功名?"

联中"少目"是个省字,"欠金"是个"钦"字,两字相连就是"省钦"。这副联对仗工整,义正辞严,指责左省钦不配当主考官,气得左省钦脸红耳赤,无言以对。

山倒塌乱石滚落——崩

bēng
崩

小篆的"崩"字是个上下结构的形声字兼会意字。上面的"山"字作形符,表示跟山有关。"崩"字下面的"朋"字读"péng",作声符并会意。

"山"字与"朋"字组合,指山倒塌时,乱石纷纷滚落下来。因是指山倒塌,这跟"山"字有关,所以古人用"山"字作"崩"字的形符。

古人为什么用"朋"字作"崩"字的声符呢?

有学者认为,"朋"字是古代的"凤"字,即孔雀,表示山石像孔雀开屏一样迸裂倒塌。

还有学者认为,"凤"是百鸟之王,有"百鸟朝凤"之说,即百鸟跟随之意。大山倒塌时,山上土石及花草树木随之滚落,也有跟随之意,所以古人用"朋"字作"崩"字的声符并会意。

崩 小篆
崩 隶书
崩 楷书

楷书的字形由小篆演变而来,写作"崩"。

"崩"字的本义指"山迸裂倒塌",如完全破坏或垮台称"崩溃",崩裂倒塌称"崩塌",山上的土石大量坍塌称"山崩",大量的雪块从高山上崩裂下来称"雪崩","山崩地裂"指像山崩塌、地裂开一样,形容声响或声势巨大。"崩"字由本义引申指"破裂",如分崩离析、土崩瓦解。"崩"字由"破裂"又引申指"被崩裂的东西击中",如他被放炮的碎石崩倒了。还引申指古称皇帝的死为"驾崩"。在方言中,"枪毙"称作"枪崩"。

"崩"和"从恶如崩"

周朝分西周与东周,前后经历了八百多年,这个朝代算是中国历史上最长的了。其间经历了春秋时代和战国时代,一直到秦始皇统一全国。

到了春秋末期,周朝已经衰败下来。周敬王的儿子朝兴兵作乱,占领了京城洛邑,即今日的洛阳。周敬王东躲西逃,后来晋国派兵保护他,才在成周安顿下来,地点就在今日洛阳东北一带,同洛邑只隔一条河。虽隔得不远,但周敬王不敢回洛邑,就在成周这小地方住下。周敬王手下的大臣们主张在成周筑城,作为周朝的京城。要办成这事,先要得到各地诸侯国的支持才行,于是派人先和晋国商量。晋国国君表示支持,并愿意联合其他诸侯国,为周敬王筑城。正巧卫国大夫彪傒(xī)路过这儿。他听说要为周王筑城的事,便对晋国支持筑城的人讲了一番话,表达了自己的观点。彪傒是这么说的:

听说你们要为周王筑城,这番心愿是好的,但你们可能是白费心思啊。自从幽王以来,周朝就一代不如一代地衰败下去。周幽王荒淫透顶,竟然烽火戏诸侯,这样的王朝能不败吗?人常说,"从善如登,从恶如崩。不说周幽王,再往前说到夏朝吧,由启到桀共十三代,但从孔甲开始堕落,只有四代就灭亡了。接着是商朝兴起,从玄王开始,历经十四代,一直到汤王才正式建立商朝。商朝传到祖甲就开始走下坡路,也只有七代便垮台了。到纣王时,残暴得人人痛恨,被周文王灭掉了。

接下来是周朝。从周部落始祖后稷(jì)开始积德,到文王伐纣取得天下,经历了十五代,可见要向上发展有多不易啊。而向下败亡却是很快的。周朝从幽王走上邪恶之路,到如今已十四代了,你想,这种王朝还有救吗?光凭筑个土城就能保得住吗?

彪傒总结历史,得出"从善如登,从恶如崩"的结论,发出了周王朝必定灭亡的预告。这段话被《国语》一书所记载。后人将"从善如登,从恶如崩"作为成语流传下来。"如登",比如登山,形容十分艰难;"如崩",比如山崩地裂,一瞬间就倒塌了。这句成语也含有学坏容易学好难的意思,同时也有创业容易守业难的意味。

强行靠近——逼

bī 逼

福 金文
逼 小篆
逼 隶书
逼 楷书

　　小篆的"逼"字是个左下包围结构的形声字兼会意字。左下方的"走之旁"是"辵"（chuò，字，本义指"走路、行走"。在此作形符，表示跟行走有关。右上方的"畐"字读"bī"，作声符并会意。

　　"畐"字与"走之旁"组合，指"强行靠近、迫近"。

　　因是"靠近、接近"，必须走过去才能靠近，所以古人用"走之旁"作形符。

　　古人为什么用"畐"字作"逼"字的声符呢？

　　甲骨文与金文的"畐"字与"福"字同源。在甲骨文中像双手举起酒樽（zūn）。这是古代盛酒的器具，即大酒杯，形状如"畐"字，后来楷书就写成象形字"畐"，本义指"酒杯"。酒杯里充满了酒，毫无空隙，故读作"bì"，引申指"狭窄、紧迫"。因酒杯是用来祭祀神灵祖先祈福的，所以"畐"字也读"fú"，后来加"示"字旁成了"福"字。因"畐"字有"紧迫、狭窄"之意，古人就另加"走之旁"成了"逼"。也正因为"畐"字有这段经历，所以古人才用"畐"字作"逼"字的声符并会意。

　　楷书的字形由小篆演变而来，写作"逼"。

　　"逼"字的本义指"靠近、接近"，如逼近、进逼、追逼、逼真、逼视。

　　"逼"字由本义引申指"强迫、威胁"，如逼供、逼宫、逼迫、逼问、强逼、威逼、紧逼、咄咄逼人、逼上梁山、逼命。

　　"逼"字由"威胁"引申指"强迫索取"，如逼债、勒逼。又引申指"狭窄"，如逼仄（zè）。

"逼"妻离和荸荠梨

民国年间，南京中华门内马道街有户姓常的人家，世代行医，医术高明，名满金陵。

常家祖孙三代，各有所长。孙子常思德善外科手术，刚从日本留学回来。常家在三山街、大行宫开有两家诊所，祖孙三代，各显其能，为病人治病，造福一方，为当地人所爱戴。

常家是个大家族，数十口人，大大小小的事儿，全由孙媳妇贺怡打理。贺怡知书识礼，贤惠善良。她对祖辈及公婆照顾得无微不至，深受公婆的喜爱。他对丈夫更是体贴入微，恩爱有加。一日三餐，虽不说举案齐眉，但饭后水果，都是她洗净削好，端到桌上。

这几日，贺怡发觉丈夫心情有变，常闷声不响，有时还长嘘短叹。贺怡也耳有所闻，说丈夫跟留学时的女同学有私情，想休掉贺怡，另娶新欢。贺怡听了，记在心上，却不放脸上，对丈夫照样嘘寒问暖，倍加关爱。

中秋节这天，全家人聚在一起，吃罢团圆饭，常思德丢下饭碗回书房去了。他在窗边书桌旁坐下，举头望见一轮明月，写下"中秋月下写休书"七个字。这是写对联呢，还是写诗信呢？无人知晓。这时父母喊他到院子里赏月，他便丢下这页纸到院子里去了。

贺怡到书房收拾，看到纸条上这七个字，心里明白，丈夫表示他已有休妻之意了。第二天一早，常思德来到书房，见他昨晚写的纸条上压着一盘水果，分别放着石榴、青枣、荸荠和梨这四样。他奇怪，平时妻子饭后送水果，多是苹果香蕉之类，今日为何送这些？他默默数了数"石榴青枣荸荠梨"这几样水果，终于明白，妻子是借这些水果的谐音，告诉他，她已明白："十六清早逼妻离婚。"

常思德看罢，不由问自己：对这样聪明贤惠的妻子，我能将她抛弃吗？

嗅觉兼呼吸的鼻子

bí
鼻

甲骨文

金文

小篆

隶书

楷书

"鼻"字是个象形字、形声字兼会意字。

甲骨文的"鼻"字字形像鼻子。金文字形由甲骨文演变而来。上面是"自"字,作形符。下面的"畀"字读"bí",作声符。"鼻"字本义指"自行呼吸气体的器官",所以以"自"字作形符。因"畀"有"给予"的意思,而鼻有"呼吸以自给"的意思,所以用"畀"作声符并会意。

"鼻"字小篆的字形由金文演变而来,大都与鼻子有关,如鼻孔、鼻梁、鼻腔、鼻涕、鼻音。若气味特别浓,称之为"扑鼻而来";人在哭泣时鼻涕随之而下,故称"哭鼻子";愤怒或看不起某人某事,往往会从鼻腔排出一股气,这便是"嗤之以鼻";依仗别人生活,看别人脸色行事称"仰人鼻息"。

因为鼻子是人面部最突出的部分,而且有两个孔,所以也用来指器物上突出带孔的部分。如钉在门上的铜制或铁制的半圆形物,可以跟铁棍等配合把门扣住或加锁的东西就称为"门鼻儿";人们把做衣服的针上引线的孔叫"针鼻儿";人们也把衣服上套住纽扣的小孔称为"扣眼",也称"扣鼻儿"。

因为鼻子很突出,所以又引申指"开端""始祖",如鼻祖,泛指创始人、始祖。

也有人认为,"鼻"字上的"自"字,是因为人们自称时,往往指指自己的鼻子答:"是我!"所以就用自己的"自"字作"鼻"字的形符,这可能是种合理的想象,所以在此提一笔,让诸君思考。

"鼻"孔子塌

　　无锡南禅寺有个文物市场,其实也就是卖些真真假假的手工艺品。有位摊主名叫孔定高。此人好读书,有口才,可惜个子长得矮,站在柜台里,得垫个小矮凳,才能跟顾客谈生意。

　　山东有个文物贩子,名叫孔元,常把从河南山西收来的假古董拿到这儿批发,跟市场上的商家都很熟,在一起说说笑笑是常有的事。这孔元卜高马大,从背影看是一表人才。可迎面一看,就不敢恭维了。他那塌鼻子大鼻孔煞是吓人。

　　人常说,"人不知自丑,马不知脸长"。这孔元爱说爱笑,每次来,都拿孔定高长得矮开涮。到了孔定高柜台前,有时故意踮起脚尖,装出从高处向下寻找的样子,问:"咦,人陷到哪儿去了?"孔定高心中不快,但也忍着,从不表现出来。

　　这天,孔元又来了,当着众人面,问孔定高:"我们曲阜孔家,从没人敢说肯定高,你恐怕不姓孔吧?"他把"孔"字念成"肯",嘲笑孔定高。

　　孔定高不动声色,对孔元拍拍手中一本线装古书说:"本家兄弟,我刚刚看到一个跟我们家老祖宗有关的故事,说给你听听好吗?"

　　众人一齐喊好。孔定高一字一句说道:

　　孔子在世的时候,有一天,他的两个得意弟子,一个是颜渊,一个是子路,偷偷到曲阜街上游玩。他俩来到市中心,远远的,颜渊看到孔子从人群走了过来,两人慌了,连忙找地方躲避。子路见路边有一石塔,拉着颜渊,躲到了塔背后,等孔子走过去了,两人才出来。

　　站在塔旁,颜渊问子路:"咦,这塔我过去没在意,它叫什么名字啊?"子路告诉他:"这叫'避孔子塔'。"

　　说完故事,孔定高又重复了一遍:"这叫避孔子塔!"

　　顿了一会,众人哄堂大笑。孔元也尴尬地笑了。他听出来了,这故事借汉字谐音,拿"避孔子塔"来说他"鼻孔子塌"啊。

从这儿走向那儿——彼

bǐ 彼

金文

小篆

隶书

楷书

　　小篆的"彼"字是个左右结构的形声字兼会意字。左边的"双人旁"写作"彳"，读"chì"。从甲骨文和金文"行"字的偏旁看，小篆的"彳"字是由"半条街"演变而来的，隶变后的楷书写作"彳"。本义指"半条街"。凡是用"彳"字取义的字，都与"道路"和"行走"及"行动"有关。这个"双人旁"在"彼"字中作形符。

　　"彼"字右边的"皮"字读"pí"，作声符并会意。

　　"皮"字与"彳"字组合，指"从这儿走向那儿"。

　　因指的是从近的地方走向较远的另一处地方，这里有行走之意，所以古人用"彳"字作"彼"字的形符。

　　古人为什么用"皮"字作"彼"字的声符呢？

　　甲骨文的"皮"字是个会意字。字形从刀，"卜"声。金文的字形像手持平头铲子在剥取兽皮。下面的"又"字表示"手"。隶变后的楷书写作"皮"。"彼"字是由此向外走，走向另一处，也有从内到外之意，所以古人用"皮"字作"彼"字的声符并会意。

　　楷书的字形由小篆演变而来，写作"彼"。

　　"彼"字由本义假借指"那、那个"，如：双方称"彼此"；日常生活中作客套话，表示大家一样，常叠用作为回答的话："彼此彼此！"；"彼一时，此一时"，指那时是一种情况，现在又是一种情况，已与过去不相同了；"此起彼伏""顾此失彼""厚此薄彼"中的"彼"字都是指"那"或"那个"。

　　"彼"字由"那个"引申指"他，对方"，如"彼岸"，即指"对岸"。

"彼"和"彼一时，此一时"

"彼"字是指示代词，指那、那个。跟"此"字相对。如彼一时，此一时。说起这一成语的出典，有段历史人物故事。

距今两千一百多年前的西汉中期，有位大臣、文学家名叫东方朔。他是平原郡厌次县人，即今日山东德州陵城区一带人。此人性格诙谐风趣，能说会唱会表演，也善于辞赋。他常以讽刺的方式，向汉武帝提建议，因此得不到重用。他虽有独到的见解和才智，但在朝廷官职低微，为此他心有不平。所以写了篇散文赋《答客难》以抒发有才智而不能施展的苦闷。全文以主客对答的形式，表达他对朝廷的不满。书中有这样的内容：

有外国来客问东方朔："战国时的苏秦和张仪都凭三寸不烂之舌当了大官，苏秦还六国拜相呢。你伶牙俐齿，又通晓治国之道，在朝廷几十年，怎么还是个小官呢？你犯了什么过错了吗？"东方朔答道："彼一时也，此一时也，岂可同哉？"

这句话的意思是：你说的那是一个时候，这是另一个时候，时期不同，情况不一样，不能相提并论啊。接着他详细解释道：苏秦和张仪二人生活在周朝垮台的时代，群雄争霸，谁能得到有谋略的人就能得天下。所以像苏秦和张仪这样的纵横家，才能处在显要地位，施展他们的才能，才能使他们的后代子孙享受荣华富贵。如今皇上恩泽普及天下百姓，大小官员都效忠朝廷，邻国都俯首称臣，大汉江山坚如磐石，一统天下，即使苏秦和张仪活到今天，恐怕也难发挥他们的才干。尽管他们巧舌如簧，恐怕也没人爱听。没人听他的，他能当什么官？就连我这样的小官，他们也会眼红呢。

东方朔这番话，虽是自问自答，发泄的尽是心中对怀才不遇的不满之情，但他也只能借"彼一时也，此一时也"这句话来作自我解嘲。

后人将"彼一时，此一时"当作成语流传下来，用以说明对待同一人或同一事物，由于发生的时代不同、环境和各种条件有了变化，不能按同一标准来衡量它，看待它。

手握刀在刻画——笔

bǐ 笔

甲骨文

金文

小篆

隶书

楷书

　　甲骨文的"笔"字写作"", 是个会意字。字形的左边像一把刀, 右上方是一只手。手握刀在干什么?不是剁肉砍树, 而是在刻写。远古时代没有纸、帛, 人们把字刻在兽骨上, 用刀刻就是书写。后来在竹简上写字, 若写错了, 也要用刀刮去错字, 所以古人把有关公文案卷的事叫"刀笔", 从事相关工作的办事人员称"刀笔吏"。

　　金文的"笔"字更像一手握笔的形状。小篆的字形有所改动, 下面加了一横, 表示在刻写。隶变后, 楷书承接金文和小篆写作"聿", 读"yù", 指用来书写的工具笔, 这是最早的"笔"字。

　　后来, 这"聿"字作了偏旁, 凡从"聿"取义的字大都与笔有关, 如書(书)、畫(画)、晝(昼)、肇等。为了加以区别, 小篆在"聿"字上另加了个义符"竹字头", 隶变后楷书写作"筆", 这样就成了个形声字兼会意字。"竹"为字形符, 表示笔与竹子有关; "聿"为声符, 表示手握笔在写字。

　　"筆"字简化后写作"笔", 这是个会意字, 表示用竹和毛制成的毛笔。本义指写字画画的工具, 如笔杆、笔管、笔架、金笔、毛笔、铅笔、排笔、水笔、圆珠笔等。

　　"笔"字引申指组成汉字的笔画, 如笔顺、捺笔、起笔、竖笔、横笔。

　　因为笔是用竹管制成, 很直, 所以"笔"字由本义引申指"像笔一样直", 如笔直、笔挺。

　　"笔"字也作量词用, 如这笔钱要买房子、这笔生意谈不成、这事一笔勾销、一笔糊涂账。

　　"笔"字也作姓氏用。

势如破竹攻建宁——笔

测字先生的本事,不仅要精通汉字,能言善辩,还要有一定的社会阅历,对人情世故、风俗民情,乃至当地的社会结构、错综复杂的人际关系,都得有深刻的了解。更重要的是,对时局的变化与趋势,要有个准确的判断。只有把握时局,弄清社会大环境,才能对当时当地发生的事心中有底。再根据汉字的笔画结构、字形字态,加上触类旁通,才能把要测的事说得头头是道、令人信服。

却说明朝正德年间,湖南湘西匪患成灾。有一个名叫建宁的小县城,被一帮土匪霸占。土匪头目占城称王,紧闭城门,与官府对抗。官府派兵攻打,竟久攻不下。朝廷令李将军率兵增援,限期收复建宁城,如不按时攻下,革职查办。

李将军拿不定主张。正巧,测字大师马守愚在湘西,李将军派人将他接到府上,请他测个字,看能否顺利攻下建宁城。

马守愚问明事由,从容说道:"请将军命字。"

李将军提笔,迟疑半晌,不知该测什么字才好,看看手中的笔,说:"就测'筆'字吧!"

马守愚看着李将军写下的"筆"字说:"将军,你提笔稳扎,下笔后一挥而就。就这字形来说,当中一竖,一笔到底,没有拖泥带水,此行必将一路顺畅,毫无阻挡。"

李将军担心地说:"匪寇据城死守,他们居高临下、凶残善战,我攻城时又怕伤了百姓,进退两难。"

马守愚说:"将军所言甚是,足见将军已成竹在胸。在下以字论事:你看这'筆'字乃'竹'字头,预示攻城必将势如破竹。再看这'筆'字下面的一大半'聿'字,正是'建宁'城'建'字的一大半。'筆'字中的'聿'字已显'建'字残破不全,将军率军攻建宁城,只要一鼓作气,定能杀得匪寇片甲不留。"

一番话,说得李将军信心倍增,当即率军出征了。

送礼用的布帛——币

bì 币

小篆的"币"字是个上下结构的形声字兼会意字。上面是"蔽"字简省的写法。"敝"字作声符，读"bì"。下面的"巾"字作形符，表示跟丝织品和布帛有关。这两个字形组合在一起，指"用作礼物的成捆布帛"。因为"币"像布帛一样成条状，所以"币"字用"巾"字作声符。

古人为什么用"蔽"字简省的写法"敝"字作"币"的声符呢？因为"蔽"字有"遮盖"之义，而成捆的布帛外面肯定有所包装，也就有遮盖之义，所以"币"字用"敝"字作声符并会意。

楷书的字形由小篆演变而来，写作"幣"字，后简化为"币"。

"币"字的本义指"送礼用的布帛"，后引申指"货币"。

货币的价值称"币值"；货币的制度，包括拿什么做货币和货币的单位，以及硬币的制造，纸币的发行，流通等制度称"币制"；一个国家货币中的基本货币称"本币"，如我国票面为圆的人民币，即为"本币"；香港特别行政区通行的货币，以圆为单位称"港币"；外国的货币称"外币"；纸制的货币称"纸币"；假造的货币称"假币"。

幣 小篆

幣 隶书

币 楷书

坐以待"币"

冰心，原名谢婉莹（1900—1999），福建长乐人是中国现代作家、诗人、翻译家、儿童文学家、社会活动家、散文家。她在1923年出国留学前后，开始陆续发表名为《寄小读者》的通讯散文，是中国儿童文学的奠基之作。她的这些作品，影响了中国好几代人。

冰心晚年生活在北京，因年事已高，深居简出，但仍然坚持写作，阅读书稿，接待来访的客人。

有一天，冰心家有七八位远道而来的贵客。他们来自美国，大多是七十以上的老人了。都是六十多年前，曾和冰心一起留学美国的老同学。冰心回国后，他们留在美国，成了美籍华人。如今，他们结伴来到北京，拜访冰心。

老同学相聚，大家激动不已，一个个紧紧握手，热烈拥抱、录相、拍照……坐下来，有说不尽的感慨和知心话儿。说到动情处，有人竟老泪纵横，哭出声来。

不知是谁，为了打破这感伤的场面，指着桌上摊开的稿纸，惊呼道："哎呀，婉莹大姐，你又在写什么大作呀！"

冰心听了，笑道："我这把年纪，还能写什么大作啊。我只是写些回忆性的文字，在家坐以待'币'呀！"

众人听了，一个个满脸疑惑，不解其意。冰心见他们这惊讶的样儿，便哈哈大笑，解释道："各位别误会啊，我这'坐以待币'的'币'是人民币的币，我是等出版社给我寄稿费呢，可不是毙命、击毙之毙啊。"

众人听了，这才恍然大悟，一个个抚掌大笑，倾刻间，屋子里又恢复了欢声笑语。

冰心老人用"币""毙"谐音，跟老朋友们开了个玩笑，增添了欢乐的气氛。

确定不移——必

bì
必

金文
小篆
隶书
楷书

古代的"必"字是个形声字兼会意字。它由"弋"和"八"字组成。"弋"字为形符,"八"字为声符,读"bā"。

甲骨文、金文和小篆的"弋"字读"yì",都是象形字,字形就像插入地中的尖木橛(jué)。这种插入地下的小木桩,是用来拴系牲畜的,上面有歧头,以免绳索滑脱,本义指"木橛"。用在"必"字中,指用来做标志的木桩,而这木桩是不能移动的。

古人为什么用"八"字作"必"字的声符呢?因为"八"有分开来的意思。而木桩作为分界线的标志,有"分在两边"的意思,所以"必"字用"八"字作声符并会意。

因为界桩是分界的标志,这是双方认可、利害相关、不可改动的,所以有"确定不移"的意思。因此,"必"字的本义为"确定不移",如必定、必然、谅必、势必、骄兵必败。

"必"字由本义引申指"必须、一定要",如必得、必须、必需、必要、分秒必争、势在必行。

用反问的语气表示不必称"何必",表示倾向于肯定的推断称"想必",必须、一定要称"务必",不一定称"未必",表示事理上或情理上不需要称"不必"。

"必"字也作姓氏用。

为"必"字制谜面

无锡梁溪谜语研究会的同仁，这天齐聚西水关茶楼，为即将到来的元宵灯谜晚会制作一批字谜。应该说，字谜是最难猜，也是最难制作的。今天，不知谁想到要为"必"字制个谜面。大家将书上看到的，自己创作的，说了好几个，但都不尽如人意。

周其良说："这'必'字像一把刀插在'心'上，就叫'伤心'吧。"他见没人应和，又补充说："要不改成'斜箭穿心''心中斜插一把刀'也行，或者干脆改成'心如刀绞'吧！"

赵纪方慈悲为怀，批评老周："你这家伙大过年的尽说些血淋淋的话，多不吉利！我看，应该关心残疾人。这'必'字是心上一撇，这一撇可作半个人字，可不可以来个'人残心不残'，或'心挂半残人'？"

众人点头认可。赵振南说："按纪方兄的思路，也可搞个'归心似箭'啊。春节嘛，大家回家团聚，个个归心似箭，心上那一撇就当作箭。"

会长马汉文说："你这一说，我想起来了。有个谜面叫'一箭三星伴新月'，也可借来一用。"说着，他请茶馆吴老板拿来笔墨，写了个"必"字。大家琢磨了一下，发觉"心"字三点和一弯钩，确实有三星伴新月的韵味。加上一撇算是箭，就更传神了。这个谜面就定下了。

王林生沉默了好久，他一直盯着"必"字看。在众人催促下，他才开金口："看老马这'必'字，好像是一根竹竿撑一只小船……"

周其良心有灵犀一点通，接口道："那就叫'扁舟逐水一篙轻'吧！"

赵纪方说："'激浪孤舟一桨斜'也行。"

王林生说："'轻舟小楫穿浪行'怎样？"

老马道："好。但'心'上那一撇也可理解为帆呀，搞个'浪遏飞舟帆影斜'怎样？"

众人齐声喝彩。这时，半天没吱声的小陶开口了："你们只顾成年人，可忘了小朋友啦。我为'必'字写了首儿歌。'一只小铁锅，炒了三粒豆。铲子穿了锅，豆子没有漏。'"

大家一品味，都拍手叫好。

用网捕捉鸟兽——毕

bì 毕

甲骨文
金文
小篆
隶书
楷书

甲骨文的"毕"字是个象形字，字形像在田野捕捉鸟兽时用的一种长柄网。有些甲骨文的字形还另加"田"字，以突出"田猎"之意。金文综合两种甲骨文的字形为一体，并线条化，下面是网的长柄，上面有网状，顶端突出"田"字。小篆承接甲骨文和金文，并使其整齐化。隶变后，楷书写作"畢"，如今简化作"毕"。

综合起来看，古代的"畢"字属于象形字兼会意字。

简化后的"毕"字属于上下结构的形声字，上面的"比"字属声符，读"bǐ"，下面的"十"字属形符。

"毕"字的本义指"田猎"，即"用长柄的网捕捉鸟兽"。由鸟被捕捉后，引申指"完结、终了、结束"如完结称"完毕"，"到底、终于、究竟"这三种意思可称为"毕竟"，结束生命称"毕命"，学生在学校或训练班学习期满，达到规定要求，结束学习称"毕业"。敬礼完毕称"礼毕"，完婚、成亲称"毕婚"。

"毕"字由"完结"引申指"完全"，如尽力、竭力称"毕力"，一辈子、一生称"毕生"，完全相似称"毕肖"，完全暴露称"毕露"，如原形毕露、锋芒毕露。形容十分恭敬称"毕恭毕敬"，形容全部都到了称"群贤毕至"。

"毕"字也作姓氏用。

"毕"业要有成果

无锡东门中学的杨老师,今天向同学们讲解了课文的关键字"毕"字。对简体字"毕"字的字形,同学们很难跟毕业、毕竟、毕生、完毕这些词义联系起来。金一鸣还调皮地说:"这不像捕捉鸟兽的网,跟苍蝇拍子差不多。"

杨老师说:"这个问题我们另外谈。你能不能讲讲你对'毕'字的感受?"

金一鸣走上讲台说:我就讲今日事今日毕。上小学时,我因为贪玩,常常忘了做家庭作业。有一天,我走到半路,想起数学题还没做呢,怎么办?回家做来不及了,作业没完成又进不了校门。我看到,路边有座水泥垃圾箱,不高不矮,有个斜斜的面儿,每天打扫得干干净净,我就伏在上面做作业。这时,有七八个戴袖章的人围着我,夸奖一位大个儿叔叔说:"你负责打扫的垃圾箱被,这位小朋友当课桌,这是对你最好的表扬呀。"原来他们是街道检查卫生的。听了这话,我可难为情了。后来我向那位环卫工学习,养成今日事今日毕的好习惯。

杨老师夸金一鸣勇于自我反省,敢拿自己的糗(qiǔ)事作例子。接着,他写了个繁体的"畢"字,讲他对"畢"字的理解:

刚刚金一鸣讲简体"毕"字像苍蝇拍子,其实古代的"畢"字是捕捉鸟兽的网,是在田野捕猎用的,所以上面是"田"字。我是大学文科毕业的,学的是古汉语专业,每天跟古文字打交道。有一次,我们几个同学在探讨"畢"字时,有同学说,这"畢"字是"華"字头上的"艹"变成一个"果"。春天,草木生长,发芽开花,到了夏天繁华茂盛,瓜果飘香,到了秋天就果实累累。有了果实就是春华秋实,一年的劳作就要完毕了。学生读书也是这样,学期结束,就该毕业了,学校要发毕业证书。如果你功课不及格,表明你没有成果,没收获果实,你的学业就没有完毕,你拿不到毕业证书,只能留级或肄(yì)业。这繁体字"畢"字,也许能给你们带来新的启示吧?

一字一世界

bì 闭

金文 闭
小篆 閉
隶书 閉
楷书 闭

将门户关紧——闭

古代的"闭"字，是个象形字兼会意字。金文的"闭"字写作"闭"，"門"字里是个"十"字，这"十"字像插上的门闩。要把门关紧，必须插上门闩，所以"十"字像门闩形，又会意将门关紧。

小篆的字形由金文演变而来，但"門"里的"十"字上多了一短横，且有点斜，成了"才"字形，隶变后的楷书写作"閉"，后来简化为"闭"。这样一来，"闭"字象形的成分少了，成了个会意字，由"门"和"才"组成。"才"字的意思是指门闩一类的东西，所以"闭"字的本义指"关门"。

"闭"字由本义"关门"引申指"关、合"。如首尾相连、封闭、合上称"闭合"，合上嘴不讲话，也指不发表意见称"闭嘴"或"闭口"。严密盖住、关住或查封称"封闭"。关闭、禁闭、密闭、幽闭、闭门羹、闭关锁国等都是指"关合"之义。

"闭"字由本义引申指"停止、结束"如演出或会议及展览会结束称"闭幕"，会议结束称"闭会"，企业或商店因亏损而停止经营或营业称"倒闭"，也称"停闭"。

"闭"字由本义引申指"堵塞不通"。如呼吸很弱、没有知觉，或暂时控制呼吸称"闭气"；消息不灵通、风气不开通、交通不便利以及堵塞都称"闭塞"。

"闭"字也作姓氏用。

刨根问底说"闭"字

无锡东门中学的杨老师，今天在语文课上讲了"闭"字。讲完字形、字义，他出了字谜让同学们分析。第一个字谜"招贤入门"，一下子把大家难住了。聪明的张晓玲想到，"贤"指有才能的人，将"才"字招入门中，不就是"闭"字么？

第二个字谜可就难啦："出门才回来，一点闲不住"。大家明明知道谜底肯定是"闭"字，但说不出道理来。杨莎莉一琢磨，"闲"字里的"木"字，右边那一捺可看作是一点，将这一点去掉，里面剩下的是"才"字，谜底就是"闭"字啦。

同学们正兴高采烈，没料想金一鸣泼了瓢冷水，问杨老师："猜来猜去，我就弄不懂，这'闭'字跟'才'字有什么关系呀？它并不是声符啊！"

杨老师听了，十分高兴地说："问得好。这个问题我本想明天再讲的，所以今天才先突出这个'才'字。我翻了好多资料，弄明白古代'闭'字里面是个'十'字，这是门闩的形状。后来，古人可能认为单是一根门闩，还不足以表示把门关闭了，便在门外又画了一头牛，用来表示门关闭了，牛就进不来了。后来把'牛'写在了门里面，代替'十'字。但古时要把字刻在甲骨上，容易走形，再经过许多人传来传去，时间一长，字形就变样了，把'牛'字写成了'才'字。表示草木之初的'才'字怎么能当顶门用的门闩呢？

东汉许慎写的《说文解字》，对'闭'字中的'才'字的解释不能令人信服，后代人想尽办法跟着他，要把'才'字与'闭'字相联系起来，说'才'字是砍下来的木头作门闩。也有人说'才'字不是文字，而是门闩的形状。后来不少人考证出来，古时的'闭'字，门内有时写作'十'字，那一横表示关门的一道门闩，有些门为了关得更牢固，用了两根门闩，再用一根竖的圆棍顶住，这样门内就形成了'干'字形，有人把这'干'字下那一横写歪了，成了'才'字。这个字形错了几千年，才会有今天金一鸣提出的这个疑问。不知我这样解释，同学们明白了没有？同意不同意？"

一字一世界

向前倒下——毙

bì
毙

小篆
斃

隶书
斃

楷书
毙

　　小篆的"毙"字原先写作"斃"，这是个上下结构的形声字兼会意字。下面的"死"字作形符，表示跟"死亡"有关。

　　"斃"字上面的"敝"字读"bì"，作声符并会意。

　　"敝"字与"死"字组合，指"向前倒下"。

　　"向前倒下"，这一意思常用来表示人倒地而亡的景象，所以古人用"死"字作"斃"字的形符。

　　古人为什么用"敝"字作"斃"字的声符呢？

　　甲骨文和小篆的"敝"字都是左右结构的形声字兼会意字。甲骨文从"巾"，表示"衣物"。从"攴"，读"pū"或"pō"，作偏旁时有的写作"攵"，本义指"用小棍棒击打"，后来引申指"用荆条等制作的刑具"。注意，这"敝"字左边当中一竖不能中断，是一竖到底。"敝"字有"破衣""破旧""破败"之意，又引申指"衰败"。人倒下死亡也是一种破败衰败现象，所以古人用"敝"字作"斃"字的声符并会意。

　　楷书的字形由小篆演变而来，写作"斃"。后简化为"毙"。

　　"毙"字的本义指"倒下去"，后由本义引申指"死亡"，如丧命、死亡也称"毙命"，倒地而死称"倒毙"，"束手待毙""作法自毙""坐以待毙"中的"毙"字都指死亡。

　　"毙"字由"死亡"引申指"杀死"，如用枪处决犯人称"枪毙"，用枪、炮将人打死称"击毙"，这一词多指贬义。

"毙"和"作法自毙"

距今两千四百多年前的战国时期,有位著名的政治家名叫商鞅(yāng)。他本是卫国人,原名卫鞅。少年时学习刑名之术,颇有才华。秦国国君秦孝公下令求贤,广招人才,商鞅应召入秦。秦孝公任命他为秦相,因为他有功,封他商地,号"商君",所以人们称他为"商鞅"。

商鞅担任秦相有十年之久。十年中,他两次实行变法,改革了旧的制度,实行了新的政策主张。他废除原先的井田制,鼓励开荒种地,扩大耕种面积,这样就大大地促进了农业生产。他又在农村及城镇,实行保甲制度,订立了严格的赏罚条令,这些政策法令,促进了秦国的农业发展,又使国家富裕,社会安定,秦国就这样渐渐强大起来。但商鞅的变法,触犯了贵族大臣们的利益,他们暗中勾结,要除掉商鞅。

秦孝公是极力支持商鞅的。等他一死,太子即位,这就是秦惠王。这位太子,早就对商鞅怀恨在心,他借有人揭发商鞅准备谋反为借口,下令捉拿他。商鞅知道大难临头,连夜化妆成商人潜逃了。

商鞅只有逃出秦国国境,才有生路。他昼伏夜行,好不容易逃到秦国边境一座小镇。天黑了,他想找家旅店住宿,不料店主死活不敢收留他。因为商鞅没有身份证明。按商鞅实行的保甲制:凡旅店留宿身份不明的旅客是要治罪的。店主还不知道,眼前这位旅客,就是制订这项法律的商鞅啊。

商鞅无处藏身,只得长叹一声:"唉,为法之敝,一至此哉!"这里的"敝"字与"利弊"的"弊"同义。这话的意思是:唉,我主张变法,订出了这些法律,结果把我自己害到了这种地步。

不久,商鞅被秦惠王派出的士兵抓获。最后被以最残酷的刑罚处死,这就是"车裂",也就是"五马分尸"。

后人将商鞅的这段遭遇和他的感叹,变为成语"作法自毙",用来比喻自己订的法律条令反而害了自己。

一字一世界

辅佐的人——弼

bì 弼

金文
小篆
弼 隶书
弼 楷书

"弼"字是个会意字。由左右两个"弓"字，当中加个"百"字组成。"弜"字读"jiàng"，指车篷上的两张弓子。当中的"百"字本来写作"囟"字，看上去好似"丙"字下多一横。这个字读作"tiǎn"，或读作"shì"。在小篆中，这个"百"字是个象形字，是席子的象形，指车篷。"弜"与"百"组合，意思指"车篷靠弓子支撑着"。这样，"弼"字就有辅助、帮助的意思，所以"弼"字的本义指辅佐，如辅弼。

也有人认为，古代的"弼"字是个形声字。"弜"为形符，表示弓。"囟"为声符。本义指为"矫正弓弩的器具"。后来引申指"纠正"。由"纠正"，又引申指"辅佐"。

古时，"弼"字也有违背的意思，如弼违。

"弼"字不仅用来指辅佐，也可用来指辅佐的人。

"弼"字，现在人们很少用到，成了个孤僻的字。有时作人的名字用。在南方方言中，凡扣结衣物所用的针称为"弼针"，也叫"别针"。此外，人们大概还记得，《西游记》中的孙大圣，他在大闹天宫后，玉皇大帝为了收买他，封了他个管马厩的官儿叫"弼马温"。

明·董其昌　　明·张弼　　《隶辨》

百发百中——弼

自古山东多豪杰。却说乾隆年间，在泰山脚下有个尚武镇。这儿的人们以尚武为荣，以尚武为乐。人人都喜习武。十八般武艺都精通的人不在少数。其中有位名叫张长弓的人，更是名扬四海。

张长弓善使强弓、满弓。一箭射出去，百步穿杨。

张长弓不仅武艺高强，而且文才也甚是了得。他已过五十，收了不少徒弟。他教徒弟们射箭，也教徒弟们读书识字。

这天，张长弓跟徒弟们在广场练武，大家累了，便围着师傅，席地而坐。张长弓便给大家讲《西游记》里孙悟空的故事。徒弟们听得津津有味。当他说到孙悟空被玉皇大帝封为"弼马温"后，又大闹"蟠桃宴"。有人不解地问："什么叫弼马温呀？这个弼字怎写呀？"

张长弓听了，在地上写了个大大的"弼"字，又起身拉开弓，让徒弟们看准前方百步之外，左右两侧各有一棵杨柳树。只见他左右开弓，"嗖嗖"两支箭射出去，徒弟们奔过去一看，呵，好家伙，左右两棵柳树上，分别有两片柳叶儿被射中了。

徒弟们齐声夸师傅是神箭手。张长弓却说："先莫夸我。要记住，今儿我左右开弓，百发百中，就是个'弼'字。"经他这一说，徒弟们对这"弼"字留下了深刻印象，一辈子也忘不了。

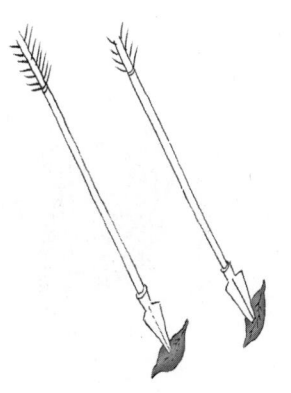

美好如玉的石头——碧

　　小篆的"碧"字，是个形声兼会意字。会意字有个特点，它往往将两个或两个以上的独体字组合在一起，形成一个新的意义。从这一点上来说，会意字都是合体字。例如这"碧"字，是由"王"字，也就是斜玉旁，表示玉。还有"白"字和"石"字三个独体字组成的。

　　在"碧"字中，"王"（玉）和"石"字是形符，表示跟玉和石头有关。"白"字是声符，读"bái"。三形合一，指一种色质青绿、质地美好如玉的石头。

　　古人为什么用"白"字作"碧"字的声符呢？因为"白"字有洁白光亮的意思，而玉大都是洁白光滑闪亮的。

　　"碧"字的本义指"青绿色的玉或美石"，如碧玉。

　　"碧"字由本义引申指"青绿色"，如碧空、碧蓝、碧波、碧绿、碧落、碧螺春、金碧辉煌、小家碧玉。

　　血是红色的，但用来指为正义事业而流的血称为碧血，如碧血丹心。

　　"碧"字也作姓氏用。

[瓦当欣赏]

秦汉画像瓦当

王太公哑谜考新郎——碧

结婚是人生一大喜事。旧时结婚仪式的程序很复杂，即便是现在，还保留了不少旧风俗。闹洞房，便是其一。

除了闹洞房，还有些地方盛行考新郎，例如唱歌、答难题、猜谜语。考新郎大多在迎亲队伍进门前进行。新郎只有解答完难题，才可娶走新娘。当然，这些难题，多数人是答得出来的。

却说今日苏北建湖县九龙口的王家村，热闹非凡，爆竹声、唢呐声响成一片。原来是王太公的曾孙女小碧玉要出嫁了，新郎孙成马上就来接亲。

王太公差两个月就是一百岁了，玄孙已经十一岁。曾孙女碧玉是小学教师，孙成是她在盐城师范时的同学。今天是大喜之日，王太公站在村头，要亲自考考曾孙女婿的文化水平。

孙成的车队在村口停下，见王太公抱着玄孙，坐在石磨上望着他。孙成上前鞠了一躬，叫声："太公好！"

王太公拍拍石磨，指指玄孙，又指指自己，说："他今年十一岁，我算一百，你看这是个什么字？"

孙成和碧玉，在学校里便是制谜猜谜高手，这谜难不倒他。他盯着石磨，又想想十一岁和一百岁这两个数字，一下子悟出来了：屁股底下"石"字，上面一个"十一"，一个"百字"——可没这个字呀。再一想，这谜肯定跟碧玉有关。如若猜成"碧"字，将左上方那"王"字拆成"一"字和"土"字，"一"字加到"白"字上不就是"百"么？剩下的"土"字拆开不是十一么？想罢，他把王太公搀起来，恭恭敬敬地说："太公，您的哑谜我猜出来啦。这是您最喜欢的曾孙女、我最爱的碧玉的'碧'字，对么？"

王太公夸奖道："好聪明的孩子！"然后一挥手，"进村去，我心里这块碧玉就交给你啦！"

随着噼里啪啦的爆竹声，迎亲车队浩浩荡荡地进村啦。

用土筑成的墙 壁

bì
壁

小篆的"壁"字是个上下结构的形声字。上面的"辟"字读"bì",是声符。下面的"土"字是形符,表示与"土"有关。两形合一的意思是:用土筑成的墙垣(yuán),包括房屋的墙或城墙之类。

楷书的"壁"字由小篆演变而来,本义指用土筑成的墙垣。如木板墙称"板壁",墙裙称"护壁",贴在墙上爬行的一种小动物称"壁虎",绘在墙壁上的画称"壁画"。就着墙壁砌成的生火取暖的设备,内部上方通烟囱的称"壁炉"。挂在墙上做装饰用的毯子称"壁毯",左右相连的屋子或人家称"隔壁",安装在墙壁上的灯称"壁灯"。旧时代筑于庙宇广宅前的墙屏,与正门相对,作遮蔽装饰之用,多饰以图案文字的墙称为"照壁"或"影壁"。破败倒塌的房屋称为"断垣残壁"。

"壁"字由本义引申指"陡峭的山崖"。像墙一样直的山崖称"绝壁",也称"悬崖峭壁";像用刀斧削过一样直立的山崖称"削(xuē)壁"。

"壁"字由本义还引申指"某些物体的作用像壁的部分。如像墙壁一样陡立称"壁立",将物资等藏起来不落到敌人手里称"坚壁"。比喻遇到严重阻碍或遭到拒绝,事情行不通称"碰壁"。

"壁"字还引申指"军营的围墙"。如古时军营的围墙、防御公事称"壁垒",成语"壁垒森严"指防御工事严密。

壁 小篆

壁 隶书

壁 楷书

"杯壁"和"卑鄙"

"杯壁",看上去是指杯子的内壁或外壁;而"卑鄙"是形容词,指人的品行道德。这两个词风马牛不相及,怎么会联系到一起呢?说来这是酒文化的产物,自有它的来历和合理性。

酒文化是中国所特有的一种文化现象。人们在喝酒时,会吟诗作对,也会猜拳行令,至于劝酒、倒酒、喝酒时的种种套话、行话、笑话、醉话……那更是新词迭出。

却说苏北阜宁县东吴小学的王校长,这天接待县里来的一位新朋友。为避公款请客之嫌,王校长特设家宴,邀来几位老师作陪,热热闹闹地喝起酒来。

酒瓶一打开,酒香四溢,劝酒的酒话就多起来。诸如:交情深,一口吞;交情浅,舔一舔。

来客不胜酒力,真的只在酒杯旁伸出舌头舔了舔,以示领情了。陪酒的几位不答应了,轮番劝酒,硬是让客人将一杯酒干了。

倒酒也有学问,还有各种诙谐说词。王校长拿起客人刚喝干的酒杯,将酒瓶里的酒沿着杯子的内壁缓缓地流下去,还不无得意地说:"我这叫杯壁下流——"客人一听愣住了。看来这位老兄很少涉及这种场合,是位局外人,他竟然把这话听成了"卑鄙下流",接过酒杯,迟迟不敢张口喝。他心里还嘀咕:卑鄙下流的东西,怎能当美酒喝下肚呢?

王校长以"卑"与"杯"同音,"鄙"与"壁"同音,分别组合成"卑鄙"和"杯壁",这两个词听上去就有凶狠丑恶的意味,后面再跟上"下流"二字,那就有点不堪入耳,让人心悚(sǒng)了。

王校长弄巧成拙。殊不知,在酒文化中,也是有文化垃圾的。就像酒的品牌一样,也有优劣之别。

罪犯想逃避法网

bì 避

避 甲骨文

避 金文

避 小篆

避 隶书

避 楷书

甲骨文的"避"字是个左右结构的形声字兼会意字。左边是个双人旁的"彳"字作形符。从甲骨文和金文的"行"字偏旁看，小篆的"彳"字是由"半条街"演变而来的，指街的十字路口，表示道路四通八达。右边的"辟"字作声符，这个字读"bì"。在甲骨文中这是个会意字，右边是一把刑刀，就是"辛"字。左边是个跪着的有罪的人。这两个字形组合指"要处死有罪的人"。

"辟"与"彳"组合表示罪犯想通过四通八达的道路逃避法网。

小篆的字形由甲骨文演变而来。楷书的字形由小篆演变而来，写作"避"。

"避"字的本义指"躲开、回避"。如躲避风吹称"避风"，比喻躲开斗争或对自己不利的势头；躲避战死称"避乱"；不愿说出和听到某些会引起不愉快的字眼称"避讳"；退后躲避称"退避"；还有避难、避让、避暑、避嫌、避邪等词，都是回避之意。

"避"字由本义引申指"防止"，如避免、避雷针、避孕等。

"避马瘟"和"弼马温"

《西游记》是中国古代小说四大名著之一，其中孙悟空大闹天宫，可算是这部书中最热闹最精彩的一章了。悟空大闹了天宫，玉皇大帝也奈何不了他，只好听从太白金星的建议，放下身段，采取绥靖（suí jìng）政策，安抚孙悟空，让他进入天宫，列入仙人编制，还给他安排了个没有品级的芝麻绿豆小官，官名为"弼马温"。这个官职人间没听说过，恐怕只有天上有。

孙悟空当了弼马温，担当起饲养天廷马匹的重任，也神气了一阵子。有电视剧演绎到这一情节时，还配了一首歌曲"官封弼马温"，描述了孙悟空走马上任，洋洋自得的样子，让人暗暗好笑。待到孙悟空得知实情后，大为恼火，再次大闹天宫，将故事推向高潮……

人们在看这段情节时，被"大闹"二字吸引住了，没注意"弼马温"这三个字的含义，也忘了想一想，吴承恩为何要给孙悟空安上这么个怪怪的头衔呢？

有人考证，马和牛跟古人的关系十分密切，在生活中几乎不可缺少，护理牛马是件很重要的事。古人总结出一条经验，发觉在马厩（jiù）里养猴子，可以使马不生瘟疫。这这在北魏农学家贾思勰（xié）所著的《齐民要术》里便有记载。

明朝有位政治家名叫赵南星，他所写的文集中提到一段话："《马经》言，马厩畜母猴可避马瘟疫。"就是说将母猴养在马厩里，它的排泄物流到马的草料上，马吃了这样的草就不会得瘟疫。

说来说去，"弼马温"三字，是利用"弼"与"避"谐音，"温"与"瘟"谐音，讲的是"避免马瘟"这句大白话啊，哪是什么高官的职称。

现在"弼马温"这一名称，已不是孙大圣所专用的了。有个上门维修汽车的店家，就取名为"弼马温"。

一字一世界

人体肩到腕部分——臂

bì
臂

金文
小篆
隶书
楷书

　　小篆的"臂"字，是个上下结构的形声字兼会意字。下面的"月"旁为形符，表示跟人的肢体有关，上面的"辟"字是声符。这两个字形组合在一起，指"人体从肩膀开始，到手腕部分"，这一段称为手臂，也称胳膊。

　　因为"臂"属人的肢体，所以用"月"旁作形符。古人为什么用"辟"字作"臂"字的声符呢？因为"辟"字有"开辟、排除"的意义，而这些挥舞、排除的动作，都与手臂有关，所以古人用"辟"字作"臂"字的声符并会意。

　　"臂"字的本义指"人的胳膊"，如胳膊又称"臂膀"，也称"臂膊"；佩戴在衣袖上臂部分、表明身份或职务标志的称"臂章"；比喻为得力助手的称"膀臂"；力学中杠杆的力点和支点之间的距离称"力臂"；胳膊上由肘至腕的部分称"前臂"；捋起袖子，伸出胳膊，表示振奋称"攘臂"，如攘臂疾言；挥动胳膊，表示情绪激昂称"振臂"，如振臂高呼；失之交臂、袒胸露臂、一臂之力等的"臂"都是指人的胳膊。

　　"臂"字并不完全指人的肢体，也用来指动物或昆虫中的"臂"，如长臂猿、螳臂挡车。

　　臂是多音字，"胳臂"的"臂"，读"bei"。

一"臂"之力

这天，无锡梁溪谜语研究会的朋友，在会长马汉文家聚会。赵振南不停地挥动着一只胳膊说："阴天，胳膊又酸又疼，只怕旧伤复发了。"

小陶听罢灵机一动说："呦，你这是现成的字谜'后期又复辟'，谜底是手臂的'臂'字。"

赵纪方说："有关'臂'字的字谜不多。前几天有人给我发短信，说'劈头盖脑脑致残'，让我猜个字。'劈'字头，'脑'字残缺剩'月'字，两相组合，不就是'臂'字么？这字谜有深度，但凶险，不美。"

马汉文说："好多专著讲到'臂'字，只讲它是形声字，忽略了'辟'字既是声符又会意的特性。古人用'辟'字作声符意义可不一般啊。'辟'字有排除之义，如'辟邪'。还引申指'打开、拓展'，如开辟。下面加个'刀'字，就是刀劈斧砍；加上走之旁就是躲开避开的'避'字。"说到这儿，他做出用手臂挡住外来侵袭打击的样子说："'臂'音通'避'，人的臂膀是身体的组成部分。两臂交互动作称互助。当有外物袭来时，人们本能地伸出臂膀去阻挡，避开伤害，所以'臂'字与'避'字同音，共用一个'辟（bì）'字。正因如此，古人才用'辟'字作'臂'字的声符并会意。"

赵振南一边转动胳膊，一边说："我对'一臂之力'体会深刻。我胳膊酸痛，就是由一臂之力引起的。"

能避邪的美玉——璧

bì
璧

金文 辟
小篆 璧
隶书 璧
楷书 璧

　　小篆的"璧"字是个上下结构的形声字兼会意字。下面的"玉"字作形符，表示跟玉石之类有关。"璧"字上边是"辟"字，作声符并会意。

　　"辟"字与"玉"字组合，指一种圆形、扁平、中间有孔的能避邪的美玉。因指的是美玉，这跟玉有关，所以古人用"玉"字作"璧"字的形符。

　　古人为什么用"辟"字作"璧"字的声符呢？

　　甲骨文的"辟"字是个会意字，有"排除"之义，也有"避开凶险"之义，人们佩玉、藏玉、玩玉就是想借玉避邪，所以古人用"辟"字作"璧"字的声符并会意。

　　也有人认为，"辟"有"法度"之义，"法"为众人所遵守的准则，而玉是众人所珍贵的宝物，也有珍重之义，所以古人用"辟"字作"璧"字的声符。

　　楷书的字形由小篆演变而来，写作"璧"。

　　"璧"字的本义指"美玉"，如退还原物，并表示感谢称"璧谢"；用于归还原物或辞谢赠品称"璧还"；这两个词都是敬词，作书面语用。白璧无瑕、完璧归赵、珠联璧合等这些成语，其中都包含着有关璧玉的传说。

完"璧"归赵和怀璧其罪

"完璧归赵"为大家所熟知。战国时期,赵国国君赵惠文王得到了一块楚国的和氏璧,秦国国君秦昭王听说后,派使者去见赵王,愿拿出十五座城来换这块璧。这让赵王很为难:若答应秦王,怕上当;若拒绝,怕得罪秦王。这时有位智勇双全、名叫蔺相如的人愿去秦国交涉。他对赵王说:"赵弱秦强,不能让秦找到借口发兵攻赵。大王将璧送去,若秦不交出城来,则是秦国错,那时我当完璧归赵。"

蔺相如带着和氏璧赴秦。他见秦王无交城的诚意,便借指出璧上有斑点,骗回和氏璧,并扬言与璧共存亡,迫使秦王让步。蔺相如连夜派人将璧秘密送回赵国,化解了这场危机。

"怀璧其罪"这句成语,人们很少用到,其义是怀中带有美玉,因而获罪。原比喻人因多财而得祸,后多用于比喻有才能而开遭忌妒、迫害。原话是"匹夫无罪,怀璧其罪"。此话出自《左传·桓公十年》。说的是虞国的国君虞公是个十分贪婪的人。他听说弟弟虞叔有块精美绝伦的璧玉,便想占为己有。他派心腹去劝虞叔将璧玉送给虞公。虞叔当场拒绝。但此人刚走,他就后悔了,对自己的妻子说:"周朝有句古话,'匹夫无罪,怀璧其罪'。这话就如同说的是我啊。我可不能为了这块璧招来杀身大祸呀。"说罢,他亲自将璧送进宫里,乖乖地献给了虞公。

得了璧玉的虞公,听说虞叔家还有一把周朝的宝剑,又派心腹去劝虞叔:"你干脆将家里藏着的那把宝剑一块儿献给虞公吧!"

虞叔听罢,强压怒火,假装答应,送走来人,随即他就与家人及谋士们商量,说虞公贪得无厌,他会不顾手足之情,杀了我全家,夺走宝剑的。与其束手待毙,不如先下手为强。于是,虞叔当夜招集人手,攻打虞公王宫。虞公猝不及防,摸黑逃出城去,不知去向。

后人评价此事时说:大象因有象牙招来杀身之祸,麋鹿因有麝香而丧命;生活在乱世的人,常因财宝而送命。虞公这种贪得无厌的人,也绝无好下场。这就是"匹夫无罪,怀璧其罪"这句古训的真谛所在。

抽打马屁股的皮鞭

biān
鞭

㪿 金文
鞭 小篆
鞭 隶书
鞭 楷书

　　金文的"鞭"字是个会意字。一种字形像一根鞭子在抽打圆圆的马屁股。还有一种字形在左边加"单人旁"，表示"人在鞭打"，这就成了"便"字，表示用鞭子抽打。

　　小篆承接金文，在左边加义符"革"字，成了个左右结构的形声字兼会意字。左边的"革"字作形符，表示跟皮革有关。"鞭"字的右边是"便"字，读"biàn"，作声符并会意。

　　"革"字与"便"字组合，指人用皮革制成的鞭子抽打马屁股。因指的是皮鞭，这跟皮革有关，所以古人用"革"字作"鞭"字的形符。

　　古人为什么用"便"字作"鞭"字的声符呢？金文和小篆的"便"字是会意字，由"人"字和"更"字组成，表示"使人服贴"之意，也有"便于、有利于"之意。用鞭子抽打牲畜，便于控制、有利于驯服牲口，所以古人用"便"字作"鞭"字的声符。楷书的字形由小篆演变而来，写作"鞭"。

　　"鞭"字的本义指"驱使牲畜的用具"如鞭子、马鞭、皮鞭，赶车或使牛耕田的人称"掌鞭"，扬起鞭子称"扬鞭"。"鞭长莫及"指鞭子虽长，但不应打在马腹上，后比喻力量不能达到。"鞭"字由本义引申指"用鞭子抽打"，如用鞭子或板子抽打称"鞭笞（chī）"，鞭打或用赶马用的带刺的棍子抽打称"鞭策"，还有"鞭挞""鞭辟入里"等词。"鞭"字由本义又引申指"成串的小炮竹"，如鞭炮。还引申指"古代的兵器"，如钢鞭、三节鞭、竹节鞭。还引申指"供食用或药用的某些雄兽的阴茎"，鹿鞭、牛鞭。

"鞭"和"鞭尸"

"鞭"字作名词用，指鞭子。作为书面语，也指用鞭子抽打。如鞭尸，指用鞭子抽打尸体。说起"鞭尸"一词，有段历史故事。

距今两千五百多年前的春秋末年，有个人名叫伍员，字子胥，人称伍子胥。他本是楚国人。他父亲是楚国大臣，因向楚平王直谏被杀，他的哥哥也同时遇难。伍子胥历经艰险，逃出楚国，投奔吴国，并发誓要报仇，灭了楚国，杀了楚王，以泄心头之恨。

伍子胥是个文武双全，很有计谋的人。他投奔吴王阖（hé）闾，阖闾对他很信任。为了复仇，伍子胥使出了浑身本领，以极大的热忱，帮吴王巩固了政权。又协助他发展生产，建造姑苏城为国都，训练军队，冶炼兵器……就这样，吴国一天天强大起来。

伍子胥见时机成熟，准备攻打楚国，报仇雪恨了。他不失时机地将军事家孙武请来，将他推荐给吴王。孙武果然是个将才，吴王拜他为上将军，并尊称他为"军师"，由他统帅军队。于是，在伍子胥的精心策划下，公元前506年，吴王任命孙武为大将，加上自己和伍子胥等人率领六万人马，杀奔楚国都城郢（yǐng）都，即今日湖北荆州。经几番激战，吴军终于攻下郢都，楚国被打败了。

楚国被吴国打败时，那位荒唐而又残暴的楚平王早已死了好多年了。伍子胥复仇心切，他带人毁了楚平王的坟墓，掘出楚平王的尸体，将其抛在荒草野地里，然后举起钢鞭，使尽浑身力气，狠狠地将楚平王尸体打了三百下。这样方泄了他心头之恨。世人将此举称为"鞭尸"，也称"掘墓鞭尸"。

伍子胥为报私仇，借别国力量灭了自己的祖国，世人对此称之为"倒行逆施"，持批评态度。伍子胥自己呢，后来被吴王夫差所杀，落了个悲惨下场，也留下了坏名声。但他有自知之明，承认自己如此而为是因日暮途穷，所以才倒行逆施，做出了这样骇人听闻的事。这"倒行逆施""日暮途穷"都出自他的口，如今也成了人们常用的成语。

一字一世界

挂在门框上的木牌——扁

bi ǎn
扁

金文
小篆
隶书
楷书

小篆的"扁"字是个左上包围结构的会意字。左上方的"户"字表示"半扇门"，在这儿作"门"解释。右下方的字形是"册"字简省的写法，在这儿指"册"。"册"字与"户"字组合在一起，指悬挂在门框上或墙上的长方形木牌，这木牌上题有文字。

因"户"有"门户"之义，所以"扁"从"户"。而"册"为古代的书，这书是由竹片或木板制成，上面写有文字，用牛皮条编串起来，这就是"竹简"或"木牍"，是古代的书。可想而知，这种书该有多重、多大。"学富五车"，就是指有学问的人读的书要用五部马车装。每一块竹简或木牍较小，而悬挂门上的"扁"却很大，但都是在木板上写字，在这一点上跟"册"是相通的，所以古人用"册"来表示"扁"。

楷书的字形由小篆演变而来，写作"扁"。

"扁"字的本义指"题有文字悬挂在门框上的木牌"。后来"扁"字借作他用，表示物体平而薄，又引申指"把人看低了"，即"看扁了"，还引申指"小船"。这"扁"字为引申意所专用，古人就另造了个"匾（biǎn）"字来表示"匾额"之义。"扁"字就专指"薄而平"了，如扁豆、扁担、扁圆、扁平、扁桃、扁铲子，扁平的骨头称"扁骨"，饺子称"扁食"。

"扁"字是个多音字，读作"piān"时，指小船。如一叶扁舟。这也是从"薄而平"的意思引申出来的。

"扁"字的谜语和故事

这年初春,谜语研究会的同仁们加入郑可鉴的旅游团,去江西婺源探古访幽。到得婺源,同仁们陶醉于这儿浓浓的书香文化气息。在一座古色古香的茶楼品茶时,见大堂挂一匾额,上书"瓦壶水沸茶飘香"七个大字,旁边还有几副对联。

说到"匾额",郑可鉴感叹道:"汉字之所以越来越丰富,词汇越来越精细,完全是老祖宗因为按实际需要而发展文字啊。"

马汉文笑道:"愿闻其详,请郑老弟细讲。"

郑可鉴一边蘸着茶水写,一边解释道:"匾字原为'扁',上面是'户'字,下面是'册',本义指在门户上题字,这就是匾额。'扁'字后来引申为薄而平的意思,古人就在'扁'字外面加了个像框一样的形状表示'匾额',而'扁'则专门用来指'扁平'和'扁圆'之类的意思了。"

小陶听了,说:"今天郑老师在,能不能就这'扁'字,没一个字谜,或说一个故事呢?"

众人听了,都击掌叫好,纷纷将头转向郑导。郑导也不推托,说道:"讲件真事儿。我堂弟在苏北乡下,忙时在农村种地,闲时进城做泥瓦匠。这次我去看他,正巧在田头碰上了。他晓得我喜欢测字玩,他拍拍手里的扁担,对我说:大哥,你给我测个扁担,看这农村户口要不要迁?我想进城安家落户呢。我说:'扁担'我不会测,就测个'扁'字吧。这'扁'字是'户'字头,下面像个'册'字,这'户册'就是户口簿,讲的就是你迁户口的事。眼下农村户口在增值哩。国家出台不少法规,都是保护农民利益的。分给你的地包括宅基地,都是属于你的,谁也动不了,将来的价值难以估计啊,只怕你这根扁担挑断了也挑不起啊。经我这番一吓唬,他才打消了迁户口的念头。"

一字一世界

急于知道吉凶——卞

biàn
卞

金文

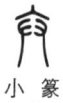
小篆

卞 隶书

卞 楷书

"卞"字笔画不多。有人认为，金文和小篆的"卞"字，形状像一双手举着帽子，本义是"帽子"。这是个会意字，后来假借为表示急躁，如卞急。

"卞"字假借为"急躁"的说法，看来有些勉强。因为"帽子"和"急躁"似乎不搭界，根本联系不上。

有人认为，"卞"字是个形声字。以"卜"作形符，上面的"一"作声符，读"dóu"。"卜"表示占卜，古人以占卜来预测事情的吉凶祸福，所以有"法度"的意思。本义为"法、法度"。古书《字汇·卜部》注明：卞，法也。

"卞"由"法度"这层意思，引申为"急躁"倒是说得通的。为什么呢？因为古人急于知道事情的吉凶，这才去占卜的，所以才有"急躁"这层意思。所用的词为"卞急"。不过，现在很少用。如今的"卞"字，主要作姓氏用。

[瓦当欣赏]

秦汉画像瓦当

"卞"委员下不堪言

对联是我国文化宝库中的一颗明珠,其中蕴含着丰富的语言艺术和修辞魅力。在对联中,有不少创意与汉字有关,利用字形、字义、字音的特点形成佳联。其中有种"曲解法",故意歪曲地理解对联中的某一个字,从而形成特殊的表达效果。

却说二十世纪四十年代,正是国民党统治时期。江苏江阴县有位县长,名叫熊兴才。此人无才无德,只会溜须拍马,搜刮百姓钱财。这天,国民党省党部的卞委员到江阴视察。熊县长为接待卞委员,忙里忙外,唯恐怠慢。卞委员呢,来到城里,住进宾馆,只管吃喝玩乐,从没出大门,根本没搞什么视察。

此事被当地小报的记者打探到。他们虽不敢在报上公开披露,但几个文人在一起,凑成一副对联,却广为流传:

熊县长能者多劳,跑断四条狗腿;
卞委员下不堪言,缩起一点龟头。

这副对联,把"熊"字下的四点曲解成"跑断四条狗腿",把"卞"字上的一点曲解成"缩起一点龟头",真是形象而又生动。不难想像,熊县长忙得屁颠屁颠的,一副奴才相,所以称之为"跑断四条狗腿"。卞委员只顾花天酒地,足不出户,缩在宾馆,被说成"缩起一点龟头",这既与"卞"字上的一点相似,又与卞委员的行为相符,读了既解恨,又好笑。

这副对联,把"熊"字拆解成"能"字与四点,把卞字拆解成"卞"字和一点,根据这两个字的字形大做文章,其构思之精巧,真是绝了。

一字一世界

变更后就方便

bià n 便

金文 覍

小篆 便

隶书 便

楷书 便

"便"字是个会意字，由单人旁"亻"和"更"字这两部分组成。"更"字有改变的意思，所以两者结合起来，表示一个人如果感到不安适或不便利，就要力求改变这一状况，变更后，使自己感到安适。所以"便"字的本义指"安静而舒适"，也就是"安适"。

"便"字是个多音字。读作"biàn"时，指顺利、方便，如便当、便捷、便利、不便、趁便、方便、灵便、轻便、自便、稳便。

"便"由本义引申指简单平常的、非正式的，如便饭、便服、便函、便笺、便宴、便衣、便装。"便"由本义还引申指"方便的时候"，如便车、便中、得便、乘便、就便、顺便。

"便"字，又假借指尿或屎，如粪便。也指排泄出尿、屎，如小便、大便。

"便"字作副词用，表示"就"，如没有他便没有我。

"便"字也作连词用，表示假设的让步，如只要大家齐心协力，便是再大的困难也能克服。

当"便"字读"pián"时，表示物价低，如便宜。还用来表示一个人肥胖的样子，如大腹便便。

东晋·王献之　　　　　　唐·虞世南

与人方便，与己方便

2008年年初，中国南方部分省市遭受罕见的低温雨雪冰冻灾害。安徽大别山，更是天寒地冻。就在这白雪茫茫、滴水成冰的深山里，有辆大客车抛锚了，车上三十多名旅客陷入了绝境。

这辆班车是开往南京的，没料到，暴雪把大地铺满了，看不出哪儿是公路，结果，车子陷入泥坑，动弹不得。即使能往前开，驾驶员也不敢。车上的人打手机向外界求援，但此时此刻，除了直升机，谁能赶来救援呢？

正当众人束手无策、惊慌不安时，前面山坳里走来一个人。这人拄着拐杖，走路一瘸一拐的。待走近一看，才发现是位白发老人。他见这么多人挨冻受饿，就请大家到他家住下再说。

三十多人，挤满了老人的两间平房。

这老人与老伴是看守山林的。老人巡山时扭伤了脚，行动不便，但他还是进进出出，为旅客们张罗住宿，烧水做饭。

旅客中，有位中学校长，名叫李人丸，他自告奋勇当了临时负责人。待把妇女和孩子们安顿好，他带着几个年轻人，将房顶上的积雪扒下来，要不屋子会压塌的。汽车司机帮老人把家里的电路修理好，屋里有了亮光。有位老中医，为老人按摩受伤的脚……

三十多人，挤在温暖如春的屋子里，觉得既舒适，又安定。教了一辈子语文的李校长看着旅客们安适的样子，又看着喜笑颜开的老夫妻俩，心中不由说：这真是与人方便，也与己方便，但更多的是与人方便啊！古人用单人旁加"更"字造出"便"字，真是独具匠心呀。

两股丝交织一起——辫

小篆的"辫"字是个对称结构的形声字兼会意字。中间的字形称"绞丝旁",写作"纟",作形符,表示跟丝线之类的有关。

"辫"字两边合成的"辡"字读"biàn",作声符并会意。

"纟"字和"辡"字组合,指两股丝线交织、编结在一起。

甲骨文的"纟"字是象形字,字形像一把扎起来的丝,本义指"细蚕丝"。隶变后的楷书写作"糸",读"mì",因作了偏旁,其义便写作"絲",如今简化为"丝"。因是指"两股丝交织",这跟丝有关,所以古人便用"丝"字作"辫"字的形符。

古人为什么用"辡"字作"辫"字的声符呢?

小篆的"辡"字是个左右结构的会意字。两个"辛"字并列,表示"剖开、区分",后引申指"争辩、辩论"。因"辛"字有"罪犯"之义,又引申指"两个罪犯在相互争执,纠缠不休",而"辫"字就是指"丝线纠结在一起",所以古人用"辡"字作"辫"字的声符并会意。

楷书的字形由小篆演变而来,写作"辮",现简化为"辫"。

"辫"字的本义为"两股交织、编织",如把头发分股交叉编成的条儿称"辫子",也称"小辫儿"。

"辫"字由本义引申指"像辫子一样的东西",如一辫蒜。在方言中,"辫"字可作动词用,把条状的东西编成辫子,如辫辫子、把蒜辫起来。

"辫子"一词也用来比喻"把柄",如抓辫子,即指"抓住别人的把柄"。

"辫"和"翘辫子"

"辫"字作名词用，指把头发分股交叉编成的条儿。"翘辫子"属吴方言，比喻"死"，在上海和江苏、浙江一带较流行。

说起这一词的来历可有多种说法，且大都合情合理，都能接受。

较为远久且又靠谱的说法，源于清朝。

清朝是中国历史上第二个由少数民族建立的统一王朝。满族入主中原后，按满族习俗，男人要留长辫子，实行"留头不留发，留发不留头的政策"。据说，军队在巡逻时，都带着理发师，见到没留辫子的汉人，就强行剃他们的头。就这样，中国的男子从此头上都有了根长辫子。

人头上的长辫子都是下垂的，一般都拖在后背，而死后则要编结起来，放在头部的上方，且将辫子的尾端竖起来，也就是翘起来，叫"翘辫子"。因跟"死人"相关，所以人们将"翘辫子"比喻"死"。这是一种说法。

另一种说法，清朝时处决犯人，一般用"杀头"的方法。"杀头"就是用大刀将犯人的头砍下来。为行刑方便，刽子手在行刑之前，都要用胶水把犯人的辫子粘结成棍子状，竖在头顶。待胶干后，行刑时辫子就直挺挺地向上翘起，因此，"翘辫子"也就成了跟"死"相关的词。

也有一种说法，当犯人被砍头时，行刑的刽子手一手抓住犯人的辫子，一手举刀，将犯人的头砍下后，就用长辫子绑在城门口的竹竿上，或挂在城门口示众。这时犯人头上的辫子是向上翘的，因此人们就用"翘辫子"来比喻死。

还有一种说法，用"翘辫子"比喻死，源自旧上海。当时上海已是个现代化大都市，很早就有有轨电车了。电车的车顶上有根长长的导电杆，也称"集电器长杆"。有轨电车只有一根，无轨电车有两根。人们将这长杆称为电车的"辫子"。有时碰到意外或驾驶不慎，这根导电杆会脱离上面的电源线，翘在半空，这下电车就只好停止运行了，就如同人死了一样，所以人们将"翘辫子"看作是"死"的同义词流传至今。

老虎身上的斑纹——彪

biāo
彪

甲骨文
金文
小篆
彪 隶书
彪 楷书

  "彪"字是个会意字。它由"虎"字和三撇组成。这三撇的"彡"字,我们常看到它,但不一定认识它。其实这是个象形字,读"shān",表示"须毛及饰画的花纹"。

  小篆的彪字是在"虎"字的下方右边加上了"彡"字。由此可见,"彪"字的本义是"用来表示老虎身上的美丽的斑纹"。

  老虎身上,从头到脚乃至尾巴,那淡黄色的毛上,有一道道黑色的条纹,十分显目、华丽。这"彪"字由虎身上的斑纹引申指"文彩华美盛大",如彪炳千秋。

  "彪",也指小老虎。虎,不管大小,都给人威武雄壮、勇猛高大的印象,所以"彪"字又有身材高大的意思,如彪形大汉。

唐·颜真卿
元·赵子昂
《草书韵会》
《隶辨》
南朝宋《爨龙颜碑》

"彪"字的传说

一提到老虎，我们就会想到东北虎、华南虎。据说，现在野生东北虎还偶尔出没，而华南虎已经绝迹了。高大威猛的东北虎，成了人们心目中神圣的动物，以至有人对"武松打虎"的故事也有微词了。

有关老虎的故事，数不胜数。在东北大兴安岭，流传着一段有关"彪"的故事。这个故事跟老虎有关。

"彪"指小老虎。小老虎为啥称为"彪"？在"虎"字上加了三撇究竟是什么意思？有人说，那三撇表示老虎身上的花纹。按理说，有花纹是指大老虎啊，"彪"字又为何指小老虎呢？这确实有点令人费解，于是，另一种说法就让人津津乐道了。

俗话说"一龙二虎"。母老虎产子只有一两个。如果母虎一胎生下三只小虎崽，那最后一只就是"彪"了。这可不是一般的小老虎，所以古人在"虎"字上加三撇，称这第三只虎崽为"彪"。母老虎也很怪，它不认这第三子为自己的崽。虽说"虎毒不食子"，但它很绝情，它会带着大崽、二崽，弃穴而去，让三崽"彪"自生自灭。若这"彪"命大，遇到正巧刚产过崽，又不幸夭折的黑熊或豺狼之类，这些虽凶狠却又充满母性的猛兽，便会将"彪"带回巢穴，当作自己的崽喂养。待到长大成形后，这"彪"比虎凶猛百倍，且与虎是仇敌。人常说"畏之如虎""谈虎色变"，对虎来说，"彪"是它的克星，虎遇"彪"必落荒而逃，因为"彪"常以虎的脑浆为美食。

"彪"不仅食虎，并喜欢在崇山峻岭的陡崖峭壁中追寻岩羊。它把岩羊追到山顶，然后埋伏在树丛和石块后面，待到金雕和秃鹫之类的猛禽俯冲下来抓岩羊时，"彪"便腾空一跃，用前面两个爪子死死地抓住猛禽的双脚，一边用如铁棍般坚硬的尾巴将岩羊扫落到崖底。猛禽体力不支，便会徐徐下降，"彪"如同乘着滑翔机，稳稳地降落在山崖下，不远处便是已摔死的岩羊。精疲力尽的猛禽自知不是"彪"的对手，扑着翅膀飞走了，而"彪"则有滋有味地享用起美餐来。

汉字的字形多么神奇啊，"彪"字上的三撇，竟被人们演绎成这么一个神奇、悲壮又充满智慧的故事来。

马嚼子的两端——镳

biāo
镳

镳 小篆

镳 隶书

镳 楷书

　　小篆的"镳"字是个左右结构的形声字兼会意字。左边的"金字旁"作形符，表示跟金属有关。

　　"镳"字右边的"鏕"字读"biāo"，作声符并会意。

　　"金"字与"鏕"字组合，指"金属制成的马嚼子的两端"。因是指金属制成的马嚼子，这跟金属有关，所以古人用"金"字作"镳"字的形符。

　　古人为什么用"鏕"字作"镳"字的声符呢？

　　古代的交通运输及战争都离不开马。马对于人们的生活和国家安全有重要作用，如何驾驭马是门技能。为了更好地控制马的动作，人们便在马嘴里横放一条小链，两端连在笼头上，这就是马嚼子。马含着马嚼子奔驰时，有勇武气势。金文及小篆的"鏕"字是个形声字兼会意字，上面是"鹿"字，下面四点表示火，火有腾飞热烈之义，"鹿"有强壮奔腾之势，本义指"强壮的大鹿"。"镳"含在马嘴里使马显得威武雄壮，这与"鏕"字的含义相吻合，所以古人用"鏕"字作"镳"字的声符并会意。

　　楷书的字形由小篆演变而来，写作"镳"。

　　镳字的本义指"马嚼子的两端露出嘴外的部分"。对"镳"字，现在用得很少，似乎只有人们所熟知的成语"分道扬镳"。

　　旧时，"镳"字也与"镖"同用，指一种旧式武器，形状像矛的头，投掷出去杀伤敌人。

188

"分道"扬的什么"镳"

　　分道扬镳这个典故出自南北朝时期,距今已有一千六百多年了。当时北魏的国都定在洛阳,洛阳的京兆尹(yǐn)名叫元志,元志是个性情耿直、傲气十足、一向不愿向京城高官贵人让步的人。有一天,他乘着马车上街,正巧碰上御史中尉李彪的车子迎面而来。按当时的规矩,元志应退让到一边,让李彪的车先过去。论官职,元志属地方官员,而李彪是朝廷要员,地位要高一级,但元志就是不让。李彪也不是个宽厚大度的人,当即责备元志不懂规矩,令他避到路边去。元志见李彪耍威风,更加不肯让路了,两人对峙着,谁也不肯示弱。这样僵持着也不是办法,两人便驾车进宫,去找魏文帝评理。

　　见到魏文帝,李彪说,自己是朝廷命官,职位远高于洛阳地方长官,元志怎能破坏朝廷规矩,跟自己争道对抗?元志反驳说,他受皇帝委派,担任国都所在地的最高长官,在他主管的京城户籍里,除了皇帝,都属他管,怎能为一个御史中尉让路呢?很显然,元志钻了规矩的漏洞,显得理由充足。

　　魏文帝晓得元志的脾气,他不愿说出谁是谁非,便折中调和地说:"你俩别争啦,洛阳是我的地方,你们就分路扬镳吧。从今日起,你们若是在路上碰到了,就分开两边走,各走各的路。"

　　两人听罢,退出皇宫,当即派人拿来尺子,把路的宽度量好,以中间线为准,各走一边,分两边走。这就是成语"分路扬镳"的来历,也作"分道扬镳"。

　　那么,这"镳"字究竟是什么呢?打开《现代汉语词典(第7版)》第86页,查到"镳"字,你会发现编者罕见地慷慨大方,辟出不小的版面,配上图详细地解释了"镳"字。指出"镳"字是书面语,指马嚼子的两端露出嘴外的部分。两人分道时,马夫抖动缰绳,提起马勒口,扬起马鞭,"驾"地一声吆喝,策马而去。此为"分道扬镳"。

古代妇女的领巾——裱

bi ǎo
裱

古代的"裱"字是个左右结构的形声字兼会意字。左边的"衣字旁"作形符，表示跟衣服穿着之类有关。"裱"字右边的"表"字读"biǎo"，作声符并会意。

"衣"字与"表"字组合，指古代妇女上衣外面的领巾。因是指妇女用于上衣外的领巾，这跟衣服穿着有关，所以古人用"衣"字作"裱"字的形符。

古人为什么用"表"字作"裱"字的声符呢？

甲骨文与小篆的"表"字与"裘"字同源。"裘"，本是指毛朝外的皮衣，小篆改为从衣、从毛，隶变后的楷书写作"表"，本义为"皮袄"。因古代的皮袄毛朝外，便引申指"衣服的外层或外衣"，又引申指"外面"。外面就有外表之义，然后引申出"表示、表率、榜样"等义。"表"字为引申义所用，古人为分散字义，就将"表"字的皮袄之义由"裘"字表示。

从"表"字字义的发展过程来看，它有外表、外衣之义，而妇女的领巾在上衣外，这跟"表"字的字义相吻合，所以古人用"表"字作"裱"字的声符并会意。

"裱"字的本义指"妇人的领巾"，后来假借指"装潢字画或书籍"。"裱"，就是用纸或丝织品做衬托，把字画书籍等装潢起来，或加以修补，使其美观耐久。

用纸糊房间的顶棚或墙壁等称"裱糊"。

"裱褙"就是"裱"的意思。

表 小篆

裱 隶书

裱 楷书

精"裱"名人书画

清朝乾隆年间，有位大学士名叫纪晓岚。乾隆下江南时，都有纪晓岚相陪，因纪晓岚见多识广，博闻强记，每到一处，似乎成了乾隆的导游。

这年春日，二人到杭州游览。一天，他俩在街市闲逛，乾隆见一招牌，假装问："这是什么？"

纪晓岚抬头一看，招牌上写着"黄杨木梳"四个字。他想，若照实回答，似有讥笑皇上不识字之嫌，便道："这是对联。"

乾隆追问："对联哪有成单的？"

纪晓岚道："杭州风土人情与京城不同，街头巷尾各处暗藏对联，有上联必有下联，得慢慢找找。"

两人走了一段路，又见一招牌，纪晓岚指给乾隆看："陛下请看：这'白莲藕粉'就是下联啊。"

乾隆也知道，纪晓岚信口开河，但他说得煞有介事，也确实上下对仗，让你无懈可击，只得作罢。

乾隆心有不甘，总想难住纪晓岚，看他如何收场。正巧前面有家裱画店，门前有块招牌，上书一行大字：

精裱唐宋元明历代名人书画

乾隆对纪晓岚指指这招牌说："想来你又要说这是上联啰！"

纪晓岚毫不迟疑地说："正是！正是！再走几步就有下联了。"

可两人走了数百步，也不曾见有什么下联。乾隆脸露讥笑，纪晓岚急得额头冒汗。忽然，前面飘来一股草药清香，抬头一看，是家药店。纪晓岚指着门口那块招牌，上面写着一行大字：

采办川广云贵各省道地药材

乾隆仔细一推敲，这十二个字跟"精裱唐宋元明历代名人书画"相配，是一副珠联璧合的绝妙好联，不禁连夸纪晓岚："爱卿亏你想得出，一路逛街，一路找出绝妙好联来！"

像龟的爬行动物——鳖

biē
鳖

　　小篆的"鳖"字是个上下结构的形声字。上面的"敝"字读"bì"，作声符；下面的"鱼"字作形符，表示跟鱼类有关。

　　鳖是一种爬行动物，外形像龟，吻尖长，背甲椭圆形，上有软皮，生活在水中，也叫"甲鱼"或"团鱼"，俗称"王八"。

　　与"鳖"字组成的字不多。因"鳖的背甲四周的肉质软，味道鲜美，有的地区称此为"鳖边"，在方言中称"鳖裙"。

　　细究起来，"鳖"字的字形本不是这样的。最早"鳖"字的形符不是"鱼"字，因为它不属于鱼类，是另外一种类别，所以有人认为"鳖"之所以与"别"字通音是有其深刻道理的。

　　那么，"鳖"字的形符不属鱼，属什么呢？

　　"鳖"这种动物，它冒充鱼，因为它能在水里呆很长一段时间，憋住气，不冒出水面。但它最终还是要爬上岸来，在陆地上生活。它与青蛙相似。这就要说到"黾"字了。

　　这黾字读"měng"，也读"mǐn"或"miǎn"。甲骨文和金文的字形都像青蛙。隶变后楷书写作"黽"，本义指"青蛙"，后简化为"黾"。最早的"鳖"字就写作"鼈"。表示这个形声字的形符为"黽"，是青蛙。"鼈"字于1955年作为异体字被淘汰。现在的鳖字为规范写法。由此可见，"鳖"字下面的形符是"鱼"还是"蛙"，古人曾再三思考过，可见人们所说的这"鳖"经常埋在水里，有时爬上岸躲在草丛中，也确实让人难以琢磨它是鱼类还是蛙类，所以在文字上也留下了蛛丝马迹。也许古人被这字搅得实在不耐烦了，就称它为别类吧，于是读音与"别"同音。——当然，这只是"戏说"，而不是"正论"。

鼅 小篆

鼈 隶书

鳖 楷书

独眼"鳖"传奇

叶天士，清代名医，江苏吴县人，他医术精湛，享誉苏杭，上门求医者络绎不绝。一日中午，从扬州来了一艘快船，送来一位垂危病人。此人姓张名龙，是盐商，家财万贯。船一靠岸，家人就将张龙抬向叶天士家。叶天士正在吃饭，连忙放下饭碗，到大厅接诊。

叶天士为病人切脉后，问明发病前后经历，对张龙家人如实相告："你家主人危在旦夕，赶紧回去料理后事吧，若不快走，只怕会死在路上。"张龙听了，强睁开眼睛，生气地说："先生如此断言，有无根据？你可知我昨日还猜拳喝酒啊。你好歹也给我开贴药，或许能救得一命！"

叶天士听了，摇摇头，挥挥手："此药哪里去找？来不及了，你快点回家吧！"

家人真担心病人会死在路上，便急匆匆将他抬上船，撑篙离岸，开船上路了。船行半日，到了无锡地界，路过西门桥时，一船工撑篙到河底，觉得戳到一物，便将篙子拔出水面，再看，发觉篙子顶端铁钉刺中一面盆般大的甲鱼，正摆动四脚在挣扎。众人仔细再看，这只甲鱼只有一只眼。一位老船工惊叫道："呀，这是传说中的独眼鳖啊，它专吃浮尸，极毒无比，人畜吃它必死无疑，快扔了吧。"众人正要将这毒眼鳖扔下河，躺在船舱里的张龙发话了："我是个快死的人了，烧给我吃吃尝尝鲜，吃饱了再去见阎王！"

家人拗不过他，手忙脚乱地在后舱将独眼鳖洗净煮烂，让张龙吃了。

张龙连肉带汤吃个精光，然后呼呼大睡。第二天一早，奇迹发生了：张龙竟坐了起来，并下床走到了船头。众人见了，无不惊讶。张龙下令掉转船头，开回叶天士家码头。他跳下船，就去找叶天士算账。进得门他一把揪住叶天士的衣领说："还认识我这死人么？"

叶天士见到他，吓得声音颤抖地说："难道……难道你吃了独眼鳖……"

张龙一听，呆住了，忽的"扑通"一声，双膝跪下，纳头便拜："神医啊，在下真的是吃了独眼鳖啊！"